JÖRG VIERKE

LABYRINTH-FISCHE

KOSMOS

Ein Kampffisch-Weibchen: *Betta splendens*

Labyrinthfische und ihre Merkmale

Das namengebende Organ

Gemeinsames Merkmal aller Labyrinthfische ist ihr Labyrinth. Das scheint eine Binsenweisheit zu sein, aber nur auf den ersten Blick. Tatsächlich haben nicht nur alle Fische, sondern auch alle Wirbeltiere bis hin zum Menschen ein Labyrinthorgan. Dieser Teil des inneren Ohres ist für das Gehör und für den Gleichgewichtssinn zuständig. Natürlich haben auch Labyrinthfische ein Ohrlabyrinth, denn sie können sich hervorragend im Raum orientieren und überdies hören sie ausgezeichnet – man denke an Knurrende Guramis, die die von ihnen ausgestoßenen Geräusche selbstverständlich auch gut wahrnehmen können!

Das namengebende Labyrinthorgan der Labyrinthfische hat mit dem Ohrlabyrinth nichts zu tun, auch wenn es räumlich gar nicht weit von ihm entfernt ist. Es hat die Aufgabe, zusätzlich zur Kiemenatmung den Tieren zu ermöglichen, auch in sauerstoffarmen

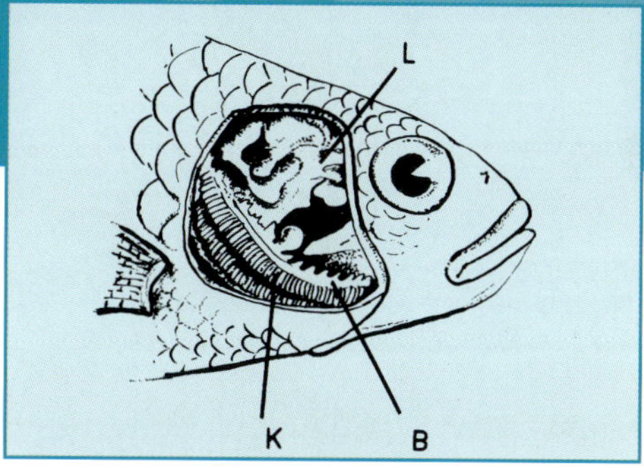

Labyrinthorgan eines Buschfisches. Die Kiemendeckel sind weggeschnitten. L = Labyrinthorgan in Labyrinthhöhle, B = erster Kiemenbogen, K = Kiemen

Gewässern zu überleben. Es ist eine vielfach gefaltete Höhle – daher der Name „Labyrinth".

Leider ist alles noch viel komplizierter, denn es gibt unter den Fischen viele Arten, die ein derartiges Zusatz-Atemorgan besitzen, die aber dennoch nicht zu den Labyrinthfischen gezählt werden. Diese Arten, wie verschiedene Welse, Schlangenkopffische und einige weitere Fischgruppen, leben ebenfalls in sauerstoffarmen Gebieten und haben sich unabhängig von den eigentlichen Labyrinthfischen an diese Form der Zusatzatmung angepasst. Zu den Labyrinthfischen werden nur die hier im Buch vorgestellten Arten gezählt, die alle eng miteinander verwandt sind.

Der Körperbau

▶ **DAS LABYRINTHORGAN** der Labyrinthfische ist ein über dem Kiemenraum liegender Hohlraum, der üblicherweise mit atmosphärischer Luft gefüllt ist. Seine vielfach gekammerten Wände bestehen aus Knochenlamellen und sind mit einer dünnen, stark durchbluteten Haut überzogen. Diese Haut übernimmt die Aufgabe einer Lunge. Der Fisch entnimmt der Luft ihren Sauerstoffanteil und gibt im Gegenzug aus seinem Blut Kohlendioxid in diese Blase ab.

Von Zeit zu Zeit schwimmen die Labyrinther, wie die Labyrinthfische oft kurz genannt werden, an die Wasseroberfläche, um mit dem Maul Luft zu schnappen. Die Luftblase wird dann von der Mundhöhle in die Labyrinthhöhle gedrückt. Bei der Gelegenheit wird die verbrauchte Luft aus der Labyrinthhöhle verdrängt und in der Regel hinter den Kiemendeckeln hinausgedrückt.

Einige Labyrinther vollziehen den Luftwechsel etwas anders. Schon während sie zum Wasserspiegel nach oben schwimmen, entlassen sie die verbrauchte Luft aus der Labyrinthhöhle. Das geschieht dann jedoch durch die Mundöffnung. Sekunden später füllen sie die nun kurzfristig mit Wasser geflutete Labyrinthhöhle mit frischer Luft, indem sie eine Luftblase von der Wasseroberfläche aufnehmen und „schlucken".

Eine genauere Vorstellung vom Aufbau des Labyrinthorgans eines Labyrinthers vermittelt die Abbildung oben.

Die zierlichen Prachtguramis (hier *P. deissneri*) erreichen gerade mal Körperlängen von 3 bis 4 Zentimern. Sie gehören zu den kleinsten Fischen.

INFO

Fische, die ertrinken

Auch wenn das Labyrinthorgan nur zusätzlich zur Kiemenatmung arbeitet, es ist für viele Arten unverzichtbar. Fadenfische und viele andere Labyrinther ersticken, wenn ihnen im Experiment die Möglichkeit zum Luftholen genommen wird. Eigentlich müsste man schreiben „ertrinken", denn ihre Atemhöhle füllt sich dann mit Wasser. Andere Labyrinther, wie die kleinen Prachtguramis, kommen nur selten zum Wasserspiegel, um die Atemluft in ihrer Labyrinthhöhle auszutauschen. Sie können völlig ohne diese Zusatzatmung auskommen.

▶ **DER ÄUSSERE KÖRPERBAU** Im äußeren Körperbau unterscheiden sich Labyrinthfische auf den ersten Blick ganz gewaltig. Es gibt Riesen unter ihnen mit klobigem Körper wie die Speiseguramis und zierliche Fischzwerge wie die Prachtguramis, die zu den kleinsten Fischen überhaupt gehören. Einige sind seitlich flach gebaut, andere haben einen fast drehrunden Körper. Es gibt sehr hochrückige Arten und fast nadelartig spitze. Auch im Hinblick auf die Färbung gibt es beträchtliche Unterschiede von einfarbig weißlichen oder grauen Fischen bis zu sehr farbigen, oft harmonisch gemusterten Arten.

Dennoch vermag ein Labyrinthfischfreund fast intuitiv das Typische an seiner Fischgruppe zu erkennen. Labyrinthfische haben relativ große, aufmerksame Augen und, auch wenn einige oft oder zeitweilig sehr aktiv sind, ruhige und fließende Bewegungen. Ihre Schwanzflossen sind nur selten eingekerbt, wie man es von so vielen der schnell schwimmenden anderen Fischarten kennt. Insofern ähneln die Labyrinthfische durchaus den ihnen auch relativ nahe verwandten Barschen. Ein typisches Merkmal unterscheidet sie aber von den meisten Barschen. Die Afterflosse der Labyrinther setzt immer sehr lang am Körper an, oft übertrifft sie die Hälfte der Körperlänge. Insofern ist die Afteröffnung in der vorderen Körperhälfte, und die Bauchflossen sind manchmal regelrecht kehlständig.

Der größte Labyrinthfisch, gleichzeitig einer der beliebtesten Speisefische in Südostasien: der Riesen- oder Speisegurami

Von Afrikanern und Asiaten

Labyrinthfische sind in Afrika und in Asien zu Hause. Dabei ist ihr Vorkommensgebiet fast völlig auf den Bereich der Tropen begrenzt. Nur in wenigen Regionen – im Kapland und in Ostasien – erreichen sie auch das Gebiet der Subtropen.
Die Verbreitungsgebiete der Labyrinther sind oft nur in Teilen bekannt. Das erstaunt nicht, denn die fraglichen Gebiete sind riesig groß, und weite Räume bestehen nur aus unzugänglicher Wildnis.
Einige Arten, hierzu gehören besonders die Nutzfische unter den Labyrinthern (speziell *Anabas, Osphronemus, Helostoma* und *Trichogaster pectoralis*), wurden in weiten Gebieten Süd- und Südostasiens von Menschen ausgesetzt. Aber auch Zierfische wurden freigelassen. So nimmt es nicht wunder, wenn gelegentlich von Zwergfadenfischen berichtet wurde, die man auf Borneo gefangen hat. Zweifellos wurden die Vorfahren dieser Tiere von Aquarianern ausgesetzt. Auch in Südostasien ist Aquaristik eine beliebte Freizeitbeschäftigung. Diese Einbürgerungen machen es in vielen Fällen unmöglich, die ursprünglichen Heimatgebiete der Tiere zu ermitteln.

Asien – die ursprüngliche Heimat

Labyrinthfische haben sich ursprünglich wohl in Asien entwickelt. Fossilien gibt es hierzu kaum. Aber immerhin ist aus dem unteren Tertiär, also vor etwa 26 Millionen Jahren, der Fund eines Riesenguramis bekannt, der sich nur unwesentlich von den heutigen Tieren unterscheidet.

Auch die Tatsache, dass die Blaubarsche, die in verwandtschaftlicher Hinsicht den Labyrinthern sehr nahe stehen, Asiaten sind, spricht dafür, dass die Labyrinther ursprünglich aus Asien stammen.
Nach der Entwicklung des labyrinthatmenden Urahns bildeten sich in Süd- oder Südostasien mehrere Formen, die Urtypen der jetzigen Unterfamilien. Das fand vor etwa 40 bis 50 Millionen Jahren statt. Die einzelnen Arten sind teilweise noch ganz jungen Ursprungs. Besonders die indonesische Inselwelt beherbergt eine Vielzahl von Arten und Unterarten, die sich teilweise noch sehr ähneln. Die Artentstehung wurde hier im Verlauf des Eiszeitalters durch die Isolation während der jeweiligen Warmzeiten gefördert. Das ist der entscheidende Grund dafür, dass es so unwahrscheinlich schwer ist, den Artstatus von vielen *Bettas* und *Parosphromenus* festzulegen. Überspitzt gesagt, hat jede Insel zu jeder entsprechenden Warmzeit ihre eigene *Betta*- und *Parosphromenus*-Art! Da wir derzeit in einer Warmzeit leben, ist auch Indonesien wieder in viele Inselchen aufgesplittert und viele Arten sind gerade wieder im Entstehen. Kein Wunder, dass die Ichthyologen sich darüber streiten, ob bestimmte Formen zu verschiedenen Arten gehören oder nicht!

Und wie kamen sie nach Afrika?

Die afrikanischen Labyrinthfische (*Ctenopoma* und *Sandelia*) sind ganz zweifellos eng mit der asiatischen Gattung *Anabas* verwandt und werden daher gemeinsam zur Unterfamilie Anabantidae gezählt. Wie aber kamen die asiatischen Labyrinthfische nach Afrika?

Der Kletterfisch (Anabas testudineus) **ist einer der ursprünglichsten Labyrinthfische.**

Über das Meer können sie nicht gekommen sein, denn für Süßwasserfische ist das Meer eine unüberbrückbare Barriere. Vor 25 bis 20 Millionen Jahren war Afrika mit Asien über eine breite, klimatisch begünstigte Landbrücke verbunden, die vielen Tieren, darunter auch Fischen, das langsame Vordringen nach Westen ermöglichte. Heute bestehen diese Ländereien (Arabien, Iran) vorwiegend aus Wüste.
Ich halte es für sehr wahrscheinlich, dass es sich bei den *Sandelia*- und *Ctenopoma*-Arten um die Nachkommen von zwei oder auch mehreren getrennten Einwanderungswellen handelt. Solche Beispiele sind von anderen Arten bekannt. Die beiden typischen Buschfischgruppen, die Schaumnestbauer und die nicht brutpflegenden Buschfische, könnten bereits von verschiedenen asiatischen Urahnen abstammen, die jeweils allein den Weg nach Afrika gefunden haben.

Nur wenige Kilometer von Malaysias Hauptstadt Kuala Lumpur entfernt: zwischen den Pflanzen am Ufer des trüben Tümpels leben Schokoladenguramis, Prachtguramis und Rote Zwergbettas.

Not macht erfinderisch

Labyrinthfische werden oft generalisierend als Bewohner trüber, schlammiger und sauerstoffarmer Tümpel vorgestellt. Solche oft flachen stillstehenden Kleingewässer erwärmen sich rasch und enthalten auch aus diesem Grund relativ wenig Sauerstoff. Dann ermöglicht das Labyrinthorgan den Fischen das Überleben in diesen extremen Biotopen. Vermutlich ist das Labyrinthorgan als Anpassung an diese Lebensräume entstanden, und somit dürften Sumpfgewässer sicher den ursprünglichen Lebensräumen der Labyrinthfische entsprechen.

Bevorzugte Biotope

Mittlerweile aber kommen Labyrinthfische in allen nur denkbaren Süßgewässern vor, vom Stromschnellengebiet im Bergland der Flüsse (z. B. *Betta unimaculata*) bis hin zu den brackigen Mündungen der großen Ströme (z. B. *Osphronemus*). Man findet Labyrinthfische in Brunnen, in den schlammigen, mit Wasser gefüllten Wagenspuren und Trittspuren der Rinder, in den Bewässerungskanälen der Reisfelder und den überschwemmten Marschen, in Gartenteichen ebenso wie in einsamen Urwaldbächen und in den Klongs von Bangkok. Natürlich haben die einzelnen Arten dabei mehr oder weniger eng gesteckte Grenzen, die im Porträtteil aufgezeigt werden. Allen Labyrinthern dürfte aber gemeinsam sein, dass sie Zonen bevorzugen, in denen sie bei Gefahr Zuflucht suchen können; also Uferzonen, die durch Pflanzen, Buschwerk, Lehm- oder Kieshöhlen gegliedert sind. Diese Zonen haben zumeist auch still stehendes oder nur langsam fließendes Wasser. Im Hinblick auf die Fortpflanzung ist das nötig, wenn die Tiere nicht gerade zu den wenigen Maulbrütern gehören. Alle anderen Labyrinther brauchen zum Ablaichen ruhiges Wasser, damit ihr Laich nicht abgetrieben werden kann.

INFO

Wanderfische?
Viele können sich unschwer vorstellen, dass Raubkatzen oder Huftiere über Landbrücken einwandern konnten. Bei Fischen scheinen ihnen solche Wanderungen unglaubhaft. Man darf sich das auch nicht so vorstellen, dass die Fische gewissermaßen über Land gelaufen sind, auch wenn die Kletterfische – die bekanntlich wirklich über Land wandern können – solche Gedanken nahe legen. Die Ausbreitung von Süßwasserfischen erfolgt stattdessen bei starken Überschwemmungen. Oft werden sie über kürzere Strecken auch auf dem Luftwege transportiert – nämlich in der Gestalt von Fischlaich, der sich an die Federn von Wassergeflügel geklebt hat!

Überlebensstrategien in Trockenzeiten

▸ **ZUGRUNDE GEHEN** Viele Labyrinthfische leben in weitgehend stabilen Urwaldbiotopen. Andere jedoch sind auf vorzügliche Weise an jährliche Regen- und Trockenzeiten angepasst. Solche ökologischen Grenzgänger sind besonders interessant, daher soll hier etwas näher darauf eingegangen werden, wie einige Arten Trockenperioden bewältigen. Wenn die Tümpel mit dem Einsetzen der Trockenzeit kleiner werden und schließlich vollständig austrocknen, gehen viele Fische zugrunde. Viele Labyrinther gehen aber im wahrsten Sinne des Wortes zu Grunde: Sie wühlen sich in den zunächst noch schlammig weichen Bodengrund des Tümpels ein

Imponierende Zwergfadenfisch-Männchen – vorn die Naturform, hinten eine rote Zuchtform

und überleben dann mehrere Monate in einer kleinen feuchten Höhle, auch wenn über ihnen der Bodengrund schon längst steinhart geworden ist. Wenn der Tümpel sich während der Regenzeit dann auffüllt, werden die Fische wieder frei. Diese Kunst, Trockenzeiten zu überstehen, ist von afrikanischen Kletterfischen (*Ctenopoma multispinis*), von den beiden asiatischen Kletterfisch-Arten (*Anabas*) und ansatzweise auch vom Kampffisch *(Betta splendens)* bekannt.

▶ **FORTBEWEGUNG AN LAND** Kletterfische haben ihren deutschen Namen von der Eigenart, gelegentlich an Land zu klettern. Das geschieht vorwiegend in der Dunkelheit. So können sie über Land wandernd neue Wohngewässer aufsuchen, wenn ihre alten austrocknen. Die Fortbewegung an Land erfolgt mit klimmenden Bewegungen, wobei die Stachelstrahlen der Bauchflossen und die dann abgespreizten Kiemendeckel mithelfen, die sich im Boden einhaken. Mit ruckartigen Streck- und Biegebewegungen schlängeln die Fische sich dann flink voran. Auf ähnliche Weise bewegt sich auch der afrikanische Buschfisch *Ctenopoma multispinis* und der auf Borneo beheimatete Riesenkampffisch *Betta unimaculata* voran.

▶ **SAISONALE SCHWARMBILDUNG** Fadenfische sammeln sich zu Beginn der Trockenzeit in Flüssen. Sie bilden dann regelrechte Schwärme. Oft hocken sie auch nur farblos ruhend am Boden. Zum Luftholen hasten sie alle gemeinsam an die Wasseroberfläche, um dann sofort blitzartig wieder abzutauchen. Auf diese Weise wird das Risiko minimiert, Vögeln oder anderen Fressfeinden aus der Luft zum Opfer zu fallen. Besonders bei den Fadenfischen kann man dieses Verhalten beobachten. Wenn mit dem Einsetzen der sommerlichen Monsunregen die Flüsse über das Ufer treten, verlassen auch die Fadenfische den Fließwasserbereich. Sie besiedeln die sich nun rasch erwärmenden Flachwasserbereiche der überschwemmten Tiefländer. Hier werden sie territorial, legen ein oft farbenprächtiges Kleid an, errichten ihre Schaumnester und beginnen mit der Fortpflanzung.

Unter den tropischen Süßwasserfischen gibt es viele attraktive bunte Arten. In dieser Hinsicht sind Labyrinthfische nichts Besonderes, auch wenn nicht viele Fische mit der Schönheit eines Zwergfadenfisches oder eines Mosaikfadenfisches mithalten können. Einmalig interessant sind die Labyrinther jedoch wegen ihrer hoch entwickelten Verhaltensweisen. Im Hinblick auf die Mannigfaltigkeit von Verhaltensweisen können selbst die Lieblingsobjekte der Verhaltensforscher, die Buntbarsche, bei weitem nicht mithalten.

Verhalten beim Nahrungserwerb

Die meisten Labyrinthfische sind von Natur aus auf tierische Beute aus. Das beginnt beim Kleintierfresser wie bei den Fadenfischen, die Würmchen, Kleinkrebse und andere Kleintiere suchen, und endet beim Leopardbuschfisch oder beim Hechtkopf, die größeren Fischen auflauern, um sie zu schnappen und hinunterzuschlingen. Andere, wie die Küssenden Guramis, sind ganz auf das Ausfiltrieren des Wassers eingestellt. Sie besitzen hierfür einen speziell ausgestalteten Reusenapparat. Nur wenige Labyrinthfische haben auch gesteigerten Appetit auf Vegetarisches. Hierzu gehört der Kletterfisch *Anabas* und der Riesen- oder Speisegurami. So mannigfaltig wie die Nahrung, so vielfältig werden auch Möglichkeiten genutzt, an sie zu gelangen. Die herkömmliche Art, Nahrung aufzunehmen, ist natürlich das Zuschnappen und Herunterschlucken. Manche Fische weiden systematisch veralgte Pflanzen, Steine oder Hölzer ab, um bei dieser Gelegenheit Kleinsttiere aus dem Algenrasen zu lutschen. Wieder andere stellen sich an den Wasser-

Zwergfadenfische (Colisa lalia) **sind Meister im Wasserspucken! Hier ein Männchen der attraktiven Zuchtform „Regenbogen-Lalia“.**

INFO

Schützenfisch Colisa lalia

Ausgesprochen interessant ist das Wasserspucken der Fadenfische. Die meisten Aquarianer, auch viele Labyrinthfisch-Spezialisten, haben das noch nie gesehen. Es ist aber mit nur geringem Aufwand bei jedem Zwergfadenfisch (*Colisa lalia*) zu beobachten. Die Tiere sollten hierzu aber möglichst im Artbecken gehalten und von Hand gefüttert werden. Bei der Fütterung sollte man das Trockenfutter ruhig einige Zeit etwa zwei Zentimeter über dem Wasserspiegel dem ungeduldig auf das Futter wartenden Fisch zwischen den Fingern vorhalten. Nach wenigen Tagen schon werden die Fische gezielt versuchen, das Futter anzuspucken und so ins Wasser zu schwemmen.

Beim genauen Hinschauen erkennt man, dass ein einzelner Spuckakt aus einer Salve von mehreren Einzeltropfen besteht. Ein Spuckakt kann aus bis zu 13 Tropfen bestehen, die jeweils im Abstand von 1/8 bis 1/20 Sekunde aufeinander folgen. Jeder einzelne Tropfen wird durch Zusammendrücken der Kiemendeckel herausgepresst. Er kann bis zu 5 cm zielsicher in die Luft geschleudert werden – schon eine Leistung, wenn man bedenkt, dass die Fischchen meistens kleiner als 5 cm sind. Durch Abspreizen der Kiemendeckel saugen die Tiere jedes Mal neues Wasser durch die Kiemenöffnungen an.

spiegel und saugen mit schöpfenden Bewegungen das Oberflächenhäutchen des Wassers mit allem, was darauf schwimmt, ins Maul. Und dann gibt es Fische, die sich ihre Nahrung durch einen beherzten Sprung aus dem Wasser heraus beschaffen oder durch kunstvoll und zielsicher abgespuckte Tropfen ins Wasser schwemmen. Der Zwergfadenfisch *Colisa lalia* und einige seiner Verwandten beherrschen alle diese fünf Techniken; sie sind alle im Aquarium unschwer zu beobachten. Die Mehrzahl der Labyrinthfische verfügt aber nur über ein oder zwei der beschriebenen Methoden.

Kampfverhalten

Labyrinthfisch-Freunde denken in diesem Zusammenhang meist spontan an Kampffische. Tatsächlich werden aggressiv gestimmte Kampffisch-Männchen (*Betta splendens*) in Thailand gern zu Kämpfen zusammengesetzt. Die Besitzer und Zuschauer wetten dann auf den Gewinner – oft geht es dabei um beträchtliche Summen. Allerdings werden hierzu nicht die normalen Schleierkampffische genommen – sie hätten wegen ihrer empfindlichen Flossen und der mangelnden Beweglichkeit keine Chance. Man nimmt hierzu speziell auf Aggressivität gezüchtete, besonders bullig gebaute und großmäulige Kampfrassen mit kurzen, straffen Flossen.
Diese „Kampf-Kampffische" kann man in den Zoogeschäften in ganz Südostasien kaufen. Gute Kämpfer sind nicht billig. Vielfach werden die Tiere zu Fischkämpfen allerdings auch direkt aus den Reisfeldern geholt.
Viele Aquarianer sind hilflos und können es nicht fassen, wenn ihre sonst friedlichen Tiere plötzlich hinter anderen Fischen herjagen, sie beißen oder sogar ernsthaft verletzen. Letztlich ist das nur ein Zeichen, dass es den Störenfrieden sehr gut geht – viele werden sagen, zu gut!
Der biologische Grund für die Aggressivität der Kampffische und vieler anderer Labyrinther ist das Bestreben der Männchen, ein Revier zu gründen. Das Revier ist ein Gebiet, das dem Nestbau und der Jungenaufzucht dient und daher von Nebenbuhlern und anderen Störern freigehalten werden muss. Aus diesem Grund sind nur die Männchen wirklich angriffslustig und meistens auch nur

INFO

Aggressivität
Es ist keineswegs so, dass typische Raubfische besonders aggressiv gegen Artgenossen sind. Im Gegenteil: Hechtköpfe und Leopardbuschfische kann man problemlos mit Artgenossen halten. Auch das ist ein Beleg dafür, dass es bei der innerartlichen Angriffslust in erster Linie um Revierverhalten geht. Die maulbrütenden Hechtköpfe und die nicht brutpflegenden Buschfische errichten keine Reviere oder bestenfalls nur für ganz kurze Zeit. Ganz entsprechend kann man von allen Labyrinthfischen sagen: Alle Nestbauer sind zeitweilig mehr oder weniger aggressiv, alle Maulbrüter und alle nicht brutpflegenden Labyrinther sind dagegen ausgesprochen friedlich. Sehr friedlich sind auch die maulbrütenden Kampffische – auch wenn man wegen ihres Namens anderes glauben möchte!

Zwei Orangebuschfisch-Männchen zeigen beim Imponieren ihre typischen Muster und leuchtende Farben.

dann, wenn sie fortpflanzungsgestimmt sind. Natürlich können auch Weibchen hin und wieder sehr aggressiv werden. Oft beteiligen sie sich ja auch an der Pflege und der Verteidigung der Brut, vielfach geht es im Aquarium jedoch nur um den Vorrang am Futterplatz.

Auch die sanftesten Fische können während der Brutzeit hoch aggressiv werden, ich denke da z. B. an Mondscheinfadenfische, die man zu Recht normalerweise für sehr sanfte Geschöpfe hält. In dieser Zeit haben besonders die Weibchen ein schweres Leben, oft auch im Zuchtaquarium (◉ S. 108).

Fortpflanzungsverhalten

Bei keiner anderen Gelegenheit sind Labyrinthfische so lebhaft, so farbenprächtig und so interessant wie während ihrer Fortpflanzungsperiode. Als Zierfischfreund sollte man sich dieses Erlebnis mit seinen Fischen nicht entgehen lassen und genau hinschauen! Die praktischen Hinweise zur Zucht finden Sie ab ◉ S. 104. Hier geht es um die biologischen Aspekte, um interessante Zusammenhänge, die auch für den Züchter von Nutzen sein können.

Zum Fortpflanzungsverhalten gehört eine Vielzahl oft recht komplexer Verhaltensweisen. Dazu gehören das Revierverhalten, Balz der Männchen, Nestbau, Ablaichen, Eier- und Larvenpflege und nicht zuletzt das Toleranzverhalten gegenüber der noch sehr kleinen (und eigentlich fresstauglichen!) Nachkommenschaft.

INFO

Warum werden bei der Balz typische Muster gezeigt?
Eine Paarung mit Artfremden wäre – rein biologisch gesehen – Verschwendung von Zeit, Aufwand und Material, denn es gibt keine Nachkommenschaft. Daher kann man bei sehr nahe verwandten Arten, wie bei vielen maulbrütenden Kampffischen, die typischen Artmerkmale am besten bei fortpflanzungsbereiten, lebenden Tieren erkennen. Das vergessen Fischfreunde zu leicht, die Spezialisten zur Fischbestimmung oder gar zur Beschreibung einer neuen Art lediglich totes Spiritusmaterial zusenden!

Genau hinschauen!

Je nach Art ist die Paarungseinleitung unterschiedlich. Mal stellt sich das Männchen quer vor dem Weibchen auf und wartet darauf, das das Weibchen es seitlich anschwimmt. Daraufhin biegt es sich um seine Partnerin und umschlingt sie. So verläuft der Paarungsvorgang bei den Fadenfischen und den Makropoden. Bei den Knurrenden Guramis dagegen ist es das Weibchen, das sich vor der Paarung quer vor dem Männchen aufstellt und auf dessen Anschwimmen wartet.

Revierverhalten

Das Revier oder Territorium ist „Privatbesitz" eines Tieres, in diesem Fall eines laichbereiten Labyrinthfisches. Normalerweise schaffen sich die Männchen Laichreviere, die sie gegen Rivalen der eigenen Art hartnäckig verteidigen. Im Zentrum des Reviers wird oft ein Nest errichtet und die Brut aufgezogen. Bei Maulbrütern verteidigen die Weibchen kurzzeitig Reviere, in deren Zentrum sie mit ihrem Partner ablaichen und das sie dann mit laichgefülltem Maul verlassen. Labyrinthfische, die keine Brutpflege betreiben und sich nur kurz mit dem Partner treffen, um die Fortpflanzungsprodukte auszustoßen und im Wasser zu verteilen, errichten keine Reviere.

Die Balz der Männchen

Sobald ein Labyrinthfisch-Männchen in Fortpflanzungsstimmung kommt, zeigt es sich in den schönsten Farben oder in bestimmten, arttypischen Mustern. Auch die Weibchen haben dann eine arttypische Zeichnung, sodass es zu keinen Verwechslungen mit Artfremden kommen kann.
Balzende Männchen versuchen ihre Partnerin mit verschiedenen angeborenen Verhaltensweisen zu verführen. Die meisten Arten müssen zuvor ein Revier gegründet haben, und viele bauen vorher ein mehr oder weniger großes Nest. Bei den Labyrinthfischen wird oft ein Schaumnest gebaut, das je nach Art sehr aufwendig sein kann und mit Pflanzenteilen durchmischt ist wie beim Zwergfadenfisch *Colisa lalia* und beim Mondscheinfadenfisch *Trichogaster microlepis*. Viele Arten errichten mehr oder weniger umfangreiche Schaumnester in Bodennähe unter Blättern oder Wurzeln.
Jetzt versuchen die Männchen durch demonstratives Vorzeigen ihrer Farbenpracht und durch auffallende Schwimmbewegungen

Paarung der Knurrenden Guramis (Trichopsis vittata).
Das Männchen ist gerade im Begriff, das eben ausgestoßene Laichpaket aufzuschnappen.

zum Nest („Führungsschwimmen") die Partnerin von sich zu überzeugen. Auch eine Form der Balz, wenngleich sehr viel rüder, ist es, die Weibchen heftig zu verfolgen und zu jagen. Unter den beengten Bedingungen des Aquariums können die Weibchen in dieser Situation umgebracht werden, besonders dann, wenn sie noch nicht laichbereit sind.

Das Ablaichen

Labyrinther bilden beim Ablaichen ein typisches Paarungsrad. Diese Umschlingung dauert bei einigen Arten nur wenige Sekunden (bei *Trichopsis pumila* 2 Sec), bei anderen fast bis zu einer Minute (*Malpulutta*).

Während dieses Zeitraums liegen die Geschlechtsöffnungen der Ablaichpartner direkt nebeneinander. Beim eigentlichen Ablaichen werden zeitgleich die Eier und die Spermien ausgestoßen. So ist die Befruchtung des Laichs am ehesten gewährleistet. Bei brutpflegenden Labyrinthfischen werden die befruchteten Eier jetzt schnellstmöglich eingesammelt. Meist ist dies die Aufgabe des Männchens, aber vielfach hilft auch die Mutter dabei. Maulbrütende Kampffische bilden hier wieder eine Ausnahme: Die Weibchen sammeln den Laich ein und spucken ihn den aufnahmebereiten Männchen vor. Wenn oft am Ende einer langwierigen Prozedur der gesamte Laich im Kehlsack des Männchens verstaut ist, ist die weitere Sorge um die Brut seine Aufgabe.

Die Brutpflege

Die Pflege der Eier und der Brut ist bei den allermeisten brutpflegenden Labyrinthfischen alleinige Aufgabe der Männchen (Vaterfamilie!). Mutter- oder Elternfamilien haben sich nur in Ausnahmefällen als besondere Brutpflegestrategien herausgebildet.

Die Eier einiger Labyrinther sind leichter als Wasser und schweben nach dem Ablaichen zur Wasseroberfläche. Man bezeichnet diesen Laich als Schwimmeier. Viele andere Arten haben jedoch Sinkeier, also Eier, die schwerer als das Wasser sind und nach dem Ablaichen zu Boden sinken. Meist sind Sinkeier trübweiß getönt, während Schwimmeier glasklar sind.

Brutpflegestrategien

Jede Art verfügt über angeborene Verhaltensweisen, die das Überleben ihrer Brut sichern. Dazu gehört auch das Erzeugen einer Unmenge sehr kleiner Eier, wie man es von den Nichtbrutpflegern kennt, nach dem Motto: Ein paar werden schon durchkommen. Eine effektive Brutpflege ermöglicht es einigen Arten, sich auch mit einer geringeren Zahl von Nachkommen zu erhalten. Solche „Brutpflegestrategien im engeren Sinne" vergrößern also die Überlebenschancen des einzelnen Nachkommen. Je geringer die Eizahl, desto erfolgreicher ist eine so verstandene Brutpflegestrategie. Die Labyrinthfischeltern verhalten sich also so, dass ihre Nachkommenschaft möglichst verlustfrei groß wird. Jede Art hat ihre eigenen Tricks, sie verfolgt eine arttypische Brutpflegestrategie. Natürlich haben die Fische keine Einsicht in die Folgen ihres Verhaltens. Ihre Verhaltensweisen sind angeboren und haben sich im Verlauf der Stammesgeschichte in der Art eines Optimierungsprozesses herausgebildet. Oft sind solche Entwicklungen noch keineswegs abgeschlossen und man kann sich mit wenig Fantasie vorstellen, wie die Entwicklung in der Zukunft weitergehen könnte. Hier die zehn auffallendsten Brutpflegestrategien, die man bei Labyrinthfischen beobachten kann.

Ein Mosaikfadenfisch-Männchen beim Bau seines Schaumnestes

Paradiesfische (Macropodus opercularis) **unter dem Schaumnest**

1 SCHAUMNESTBAU AN DER WASSEROBERFLÄCHE

Schaumnester haben in erster Linie die Aufgabe, den Laich zusammenzuhalten, damit er erfolgreich bewacht und verteidigt werden kann. Gleichzeitig dient das Schaumnest auch dazu, das Gelege an, aus dem Wasser herausragenden, Pflanzenteilen (z. B. Reispflanzen) zu verankern. Das gilt für Fadenfische mit ihren Schwimmeiern, aber auch für die Formen mit schwereren Eiern wie Knurrende Guramis (*Trichopsis*) und Kampffische (*Betta*), für die das Schaumnest darüber hinaus eine Floßfunktion übernimmt. Andere verschiedentlich diskutierte Aufgaben der Schaumnester (antibakterielle Wirkung des Schaums, optisches Zentrum des Laichreviers, Versorgung der Brut mit Sauerstoff) treten dagegen in den Hintergrund.

Auch unter den Schaumnestbauern gibt es deutliche Unterschiede in der Art und der Intensität der Brutbetreuung. Bei den Sinkei-Formen muss der Vater, oft zusammen mit der Mutter, dafür sorgen, dass die Laichkörner ins Nest gebracht und an die Schaumblasen geklebt werden.

Bei den Schwimmei-Formen steigt der Laich von selbst nach oben in das Schaumnest. Einige Arten (z. B. *Colisa labiosa*) lassen es dabei bewenden, andere (z. B. der Zwergfadenfisch *Colisa lalia*) sammeln abgedriftete Laichkörner einzeln wieder ein.

Diese Unterschiede im Verhalten erklären sich leicht durch den verschiedenartigen Bau des Nestes.

Auch das kommt vor: Hier laichen zwei Weibchen der Schwarzen Spitzschwanzmakropoden ab. Oben links ein Spritzsalmler, der von den gerade abgelaichten Eiern nascht!

Der Dicklippige Fadenfisch (*Colisa labiosa*) hat, wie auch der Gestreifte Fadenfisch (*Colisa fasciata*) und verschiedene andere Labyrinthfische, ein nur aus wenigen Schaumlagen bestehendes, sehr lockeres Schaumnest, das jedoch eine weite Fläche am Wasserspiegel einnimmt. Daher landen alle der nach dem Laichen nach oben schwebenden Eier ohne Probleme im Nestbereich. Der Durchmesser des mit Pflanzen durchsetzten und sehr kompakten Nestes des Zwergfadenfisches (*Colisa lalia*) ist dagegen selten größer als 6 cm. Hier ist es notwendig, einen großen Teil des Laichs einzusammeln, wenn er im Nest zusammengehalten werden soll.

Unter den Schaumnestbauern gibt es zwei Arten (den Zwergfadenfisch *Colisa lalia* und den Mondscheinfadenfisch *Trichogaster microlepis*), die ihr Schaumnest regelmäßig mit Pflanzenteilen ausbauen. Das Pflanzenmaterial gibt dem Nest nicht nur zusätzliche Festigkeit, es dient als „Infusorienbrutkasten“ zusätzlich auch der Bereitstellung von Nahrung für die Brut gleich nach dem Selbständigwerden.

Maulbrütende Kampffische (Betta pugnax) **bei der Laichübergabe. Im Vordergrund das Männchen mit dem schon prall mit Eiern gefüllten Kehlsack.**

2 VERSTECKBRÜTEN

Einige Arten pflegen Laich und Larven ausschließlich oder bevorzugt in Höhlen. Es sind ausnahmslos Formen, deren Eier schwerer als das Wasser sind, also mit Sinkeiern. Sie legen unter dem Höhlendach vollständige oder auch nur rudimentäre Schaumnester an. Die Eier und die Larven werden vorzugsweise an diesen Blasen angeheftet, seltener auch an Festsubstraten. In der Natur befinden sich diese Höhlen wahrscheinlich vorwiegend unter Baumwurzeln, unter Blättern und in dichten Pflanzenbüscheln, im Aquarium werden gern auch Steinhöhlen angenommen. Es gibt Arten und Gattungen, die ihre Nester allem Anschein nach immer in Höhlen oder unter Blättern anlegen (Prachtguramis der Gattung *Parosphromenus*), und andere, die auch an der Oberfläche Schaumnester bauen, wenn keine Höhlen zur Verfügung stehen (Spitzschwanzmakropoden, *Pseudosphromenus*-Arten). Der Knurrende Gurami (*Trichopsis vittata*) laicht, wenn immer möglich, in Höhlen ab, pflegt dort auch den Laich, zieht dann aber mit den geschlüpften Larven zu einem am Wasserspiegel errichteten Schaumnest um.

3 KLUMPENBILDUNG

Arten aus verschiedenen Familien (*Macropodus ocellatus, Belontia signata, Colisa chuna, Betta bellica, Trichopsis pumila*) lassen bald nach dem Ablaichen ihr oft schon von vornherein unvollständiges Schaumnest zerfallen. Der Laich wird dann zu kompakten Haufen zusammengetragen. Die vom Speichelsekret umhüllten Eier kleben aneinander, müssen aber im Hinblick auf den notwendigen Gasaustausch ständig umgeschichtet werden. Diese Strategie erfordert unablässigen Einsatz des Vaters. Sie hat sich sowohl bei Formen mit Schwimmeiern entwickelt als auch bei Sinkei-Formen. Bei der letzten Gruppe befinden sich allerdings immer noch einige Schaumblasen zwischen den Eiern (Floßfunktion). Die Klumpenbildung hat den Vorteil, dass der so untergebrachte Laich besser versteckt und verteidigt werden kann.

4 LAICHPAKETE

Fast alle Labyrinthfische geben Laichkörner ab, die sofort auseinander fallen. Die Knurrenden Guramis (*Trichopsis*-Arten) machen hiervon eine bemerkenswerte Ausnahme. Sie geben ihren Laich als verklebten Klumpen ab. Beim Ablaichen wird er regelrecht aus der weiblichen Genitalöffnung herausgeschossen. Innerhalb von Sekundenbruchteilen schnappt das darauf schon wartende Männchen das gesamte Laichpaket und bringt es dann ins Nest. Daher werden sehr kurze Paarungszeiten möglich. Beim Knurrenden Zwerggurami *T. pumila* dauert die Paarung vom Beginn der Umschlingung bis zur Aufnahme des Laichs im Mittel nur 2 Sekunden. Hierdurch wird es auch möglich, dass die Paarung nicht in unmittelbarer Nestnähe erfolgen muss. Das Nest kann daher in kleinsten Pflanzenbüscheln versteckt werden, unter denen eine Paarung nicht stattfinden könnte.

INFO

Brutpflegespucken

Die kleinen, oft glasklaren Eier sind zwischen den Schaumblasen nur schwer zu finden. Daher bedienen sich einige Arten einer besonderen Zusatz-Strategie: dem „Laichspucken". Die Männchen stellen sich nach dem Ablaichen an den Wasserspiegel und spucken Wassertropfen in die Luft. Die ins Schaumnest gefallenen Spucktropfen reißen die zwischen den Blasen enthaltenen Eier in tiefere Wasserschichten, wo sie durch ihre Bewegung jetzt leichter aufgefunden und eingesammelt werden können. Man sieht dieses keinesfalls immer auftretende Verhalten besonders bei *Colisa chuna, Trichogaster trichopterus* und *Macropodus opercularis.*

5 TASCHENBILDUNG

Siamesische Kampffische haben eine offensichtlich riskante Ablaichstrategie. Das Weibchen hängt direkt nach der Paarung wie in Trance an der Wasseroberfläche und lässt seine weißen Eier nun einzeln nach unten rieseln. Das Kampffisch-Männchen stellt sich in dieser Situation direkt unter das Weibchen und schnappt die nach unten rieselnden Eier einzeln auf. Oft erfolgt danach noch zusammen mit dem Weibchen eine Nachsuche am Boden nach möglicherweise übersehenen Eiern. Es ist klar, dass Laichfeinde bei dieser Art des Ablaichens beste Gelegenheit haben, einen Teil des Laiches zu bekommen. Immerhin ist das hier geschilderte Verhalten der Siamesischen Kampffische schon fortgeschrittener als das der Spitzschwanzmakropoden. Bei denen bleibt das Männchen meist fast so lange wie das Weibchen in der Starre oder sogar länger. Hier werden nur wenige Eier noch im Fallen erwischt. Die Fische müssen daher die meisten Eier am Boden suchen.

Der Kämpferische Kampffisch *Betta bellica* hat dagegen eine Methode entwickelt, die die besonders riskanten Stadien (nach unten rieselnde Eier, am Boden liegende Eier) umgeht. Das Weibchen gibt seine Eier in eine Flossentasche ab, die es aus seinen Brustflossen gebildet hat, und hält sie so an ihrem Körper fest. Nun kann der Vater die Eier in aller Ruhe aus dieser Tasche herausnehmen und sie dann ins Schaumnest bringen. Gelegentlich kann man eine derartige Taschenbildung auch bei einigen anderen Kampffisch-Arten

Betta splendens, **ein Männchen der schleierflossigen Zuchtform**

Betta splendens, **ein Männchen der Wildform**

beobachten. Dies geschieht jedoch nicht regelmäßig und erscheint dem Beobachter eher wie zufällig. Immerhin wird dadurch deutlich, wie ein derartiges Verhalten entstehen kann.

6 SCHÜSSELBILDUNG

Es gibt eine weitere Methode, das Zu-Boden-Rieseln des Laichs direkt nach dem Ablaichen zu verhindern. In diesen Fällen ist es das Männchen, das länger in der Laichstarre verharrt. Es formt mit seinem Körper und den unpaaren Flossen eine Schüssel, in der die Eier liegen. Das Weibchen schnappt den Laich darin auf und bringt ihn entweder selbst ins Nest oder übergibt ihn durch Vorspucken dem Männchen. Man findet Schüsselbildung bei den Prachtguramis (*Malpulutta-* und *Parosphromenus*-Arten) und den meisten maulbrütenden Kampffischen.

7 MAULBRÜTEN

Im Gegensatz zu Cichliden, bei denen das Maulbrüten vor allem bei Bewohnern von Stillwassergebieten vorkommt, findet man unter den Labyrinthfischen Maulbrüter ganz vorwiegend in langsam oder auch stärker strömenden Gewässern. Die Schaumnestbauer dagegen sind eher in stehenden Gewässern anzutreffen. Das trifft besonders für die Schaumnestbauer zu, die ihre Nester direkt am Wasserspiegel anlegen. Versteckbrüter wie die Prachtguramis (*Parosphromenus*-Arten) findet man mit ihren mehr oder weniger rudimentären Schaumnestern oft auch in langsam fließenden Gewässern. Ohne Zweifel ist Maulbrüten bei den Labyrinthfischen nicht nur eine Anpassung an Fressfeinde, sondern ebenso eine Anpassung, die verhindert, dass der Laich abgetrieben wird.
Unabhängig von der Gattung *Betta* (Kampffische) tritt Maulbrüten innerhalb der Labyrinthfische auch in den Gattungen *Sphaerichthys* (Schokoladenguramis) und *Ctenops* (Spitzkopfguramis) auf, möglicherweise auch bei *Parasphaerichthys*.

8 **WEIBCHEN ALS ERSATZBRUTPFLEGER**

Die Laich- und Larvenbetreuung ist bei den brutpflegenden Labyrinthfischen normalerweise Aufgabe des Männchens. Es ist erstaunlich im Vergleich zu den Cichliden, dass die Labyrinthfischeltern (mit der bemerkenswerten Ausnahme von *Belontia signata*) die Brut nicht gemeinsam verteidigen. Das hängt damit zusammen, dass junge Labyrinthfische keinen Schwarmzusammenhalt kennen, dass sie also nicht, wie bei den meisten Cichliden üblich, geführt werden können. Beim Siamesischen Kampffisch *Betta splendens* kann man in großen Aquarien jedoch beobachten, dass die Weibchen sich gelegentlich an der Mitverteidigung des Reviers beteiligen. Zweifellos stehen sie auch als Ersatz-Brutpflegerinnen bereit für den Fall, dass dem Vater der Brut etwas zustößt. Wenn man im Experiment bald nach dem Ende des Ablaichens das Männchen herausfängt, ist das Weibchen Willens und in der Lage, alle Brutpflegehandlungen zu übernehmen, die sonst der Vater allein vorgenommen hätte. Auch bei vielen anderen Sinkei-Formen gibt es Weibchen als Ersatzbrutpfleger, ebenso beim Makropoden, einem Schwimmeierproduzenten.

9 **VERSORGUNG DER BEREITS FREI-SCHWIMMENDEN BRUT**

Viele Labyrinther stellen ihrer frei schwimmenden Brut nach. Bei einigen Arten (z. B. beim Punktierten Fadenfisch *Trichogaster trichopterus* und bei den Prachtguramis *Parosphromenus*) haben die Altfische jedoch ihrer Brut gegenüber eine mehr oder weniger stark ausgebildete Fresshemmung. Zumindest im Aquarium zeigt es sich, dass auch schon die seit langer Zeit frei schwimmende Brut von keinem der Eltern verfolgt wird, obwohl sie von der Größe her fresstauglich wäre.

Wenn ein Elternteil oder beide Eltern ihr Revier auch nach dem Freischwimmen der Brut verteidigen und die Jungen im Revierbereich verbleiben, werden die Jungen noch indirekt von den Eltern geschützt. *Belontia signata*-Eltern sichern ihre Brut auf diese Weise in den ersten Lebenswochen.

Entsprechendes beobachtet man bei Prachtguramis. Junge *Parosphromenus deissneri* kehren auch viele Tage nach dem Freischwimmen in ihre vom Vater weiterhin bewohnte und gegen andere Tiere verteidigte Bruthöhle zurück.

INFO

Was tun, wenn man einen besonders aggressiven Labyrinthfisch hat?
Hier ist guter Rat wirklich teuer, denn die beste Abhilfe wäre zweifellos ein größeres Aquarium. Nur in zu kleinen Aquarien können die anderen Fische einem Störenfried nicht ausweichen. Für gehetzte Weibchen sind Versteckplätze wichtig. Eigentlich ist die Aggression eine Aufforderung, jetzt ein Zuchtbecken einzurichten. Und möglicherweise ist das hochaggressive Tier bereits ein Vater, der seine Brut verteidigt? Unerfahrene Labyrinthfischfreunde übersehen anfangs leicht die Brut. Sie ist ja zunächst wirklich winzig klein!

Nähreier als Wegzehrung für fastende Väter
Die maulbrütenden Väter müssen zwei Wochen lang ohne Nahrung auskommen, wenn sie ihre Brut im Kehlsack tragen. Deshalb ist es biologisch sinnvoll, wenn die Väter vorher ausreichend mit Kraftfutter versorgt werden können. Das wird bei einigen Arten regelmäßig praktiziert: Die Weibchen des Javanischen Kampffisches (*Bella picta*) produzieren bis zu 125 Eier. Jedoch können die Männchen aus Platzgründen selten mehr als 80 Eier im Kehlsack unterbringen. Was nicht in den Kehlsack passt, wird daher verschluckt. Am Ende der Paarung haben die Männchen nicht nur einen prall gefüllten Kehlsack, sondern auch einen deutlich gefüllten Bauch!
Die Weibchen von *Bella unimaculata* produzieren zu Beginn des Ablaichens kleinere und unfruchtbare Nähreier, die vom werdenden Vater verzehrt werden.

Sonst ist ein Versorgen der Jungen wegen ihres fehlenden Schwarmzusammenhalts schwierig. *Betta splendens*-Väter sammeln ihre schon frei schwimmende Brut mit

Das Honigfadenfisch-Männchen (links) fordert sein größeres Weibchen zur Paarung auf.

Hilfe von Vibrationssignalen ein, die die Kleinen anlocken. Dieses Verhalten tritt nicht regelmäßig auf. Ich kenne langjährige Kampffischzüchter, die es nie beobachten konnten! Ich konnte dokumentieren, dass diese Art des Einsammelns auch bei *Betta splendens*-Müttern auftreten kann, wenn sie als Ersatzbrutpflegerinnen wirken.

Der maulbrütende *Betta picta* soll seine Brut auch nach dem Entlassen wieder ins Maul aufnehmen. Dieses Verhalten scheint jedoch nicht regelmäßig aufzutreten. Die Wiederaufnahme der Brut, ein bei maulbrütenden Buntbarschen übliches Verhalten, trifft man bei den Labyrinthfischen sonst nicht an.

10 GRÖSSERE WEIBCHEN

Bei fast allen Belontiiden sind die Männchen mehr oder weniger deutlich größer als die Weibchen. Das erklärt sich aus ihrer Aufgabe als Revierverteidiger und Brutpfleger. Bezeichnenderweise ist es bei den Zwergformen genau umgekehrt. Sehr kleine Weibchen sind offensichtlich stark benachteiligt, da sie zu wenig Laich produzieren können. Man trifft diese Verhältnisse bei den kleinen Prachtgurami-Arten an (besonders bei *Parosphromenus parvulus*), beim Knurrenden Zwerggurami *Trichopsis pumila* (nicht beim größeren *Trichopsis vittata*) und beim Honigfadenfisch *Colisa chuna* (nicht bei den anderen, größer werdenden *Colisa*-Arten).

Es ist leicht zu erkennen, dass kaum eine der vorgestellten Arten nur einer einzigen Brutpflegestrategie folgt. Der Knurrende Zwerggurami *Trichopsis pumila* verfolgt vier der oben vorgestellten Strategien: Versteckbrüten, Klumpenbildung, Laichpakete, größere Weibchen. Beim Siamesischen Kampffisch *Betta splendens* lassen sich drei Strategien zeigen: Schaumnestbau an der Wasseroberfläche, Weibchen als Ersatzbrutpfleger, Versorgung der schon frei schwimmenden Brut. Weitere Beispiele lassen sich unschwer finden. Es ist üblich, verschiedene Brutpflegestrategien zu kombinieren. Letztlich wird damit der Erfolg vergrößert.

Die goldfarbene Zuchtform des Trichogaster trichopterus

Historisches

Der Kampffisch *Betta splendens* wurde von allen Labyrinthfischen sicher als erste Art regelmäßig gehalten und gezüchtet. Jedenfalls gibt es bestimmte Kampfrassen dieser Tiere schon seit mindestens 1850, vermutlich aber schon bedeutend länger.

Für die Geschichte der europäischen Aquaristik waren aber die Makropoden (*Macropodus opercularis*) weit bedeutender. Mit der Ankunft der ersten Makropoden 1869 in Frankreich begann die Warmwasseraquaristik. In Deutschland tauchten die ersten Makropoden 1876 auf. Für den Normalbürger waren sie zunächst nicht erschwinglich. Ein Zuchtpaar kostete 50 Mark, für viele damals ein Monatsverdienst.

In sehr kurzer Zeit wurde aus diesen Formen durch sorgfältige Auslese ein besonders schöner Stamm herangezüchtet. 1893 brachte der Berliner Züchter Paul Matte einen besonders farbenprächtigen schlanken Makropoden mit herrlichem Flossenschmuck auf den Markt, den „Paradiesfisch". Diese Zuchtform hat die Aquarianer der Jahrhundertwende zu regelrechten Begeisterungsstürmen getrieben.

Im Nachhinein erstaunt es uns nicht, dass gerade *Macropodus opercularis* Vorreiter der Warmwasserfische war. In der damaligen Zeit gab es noch keine Regelheizer und Filter. Nur ein genügsamer Fisch, der auch mit oft kühlerem und sauerstoffarmem Wasser zurechtkam, konnte den anspruchsvolleren Arten den Weg bereiten. Und darüber hinaus hatte und hat der Makropode alles, was bis heute viele Labyrinthfische auszeichnet: ein farbenfrohes Äußeres und ein hochinteressantes Verhalten.

Fadenfische (hier: Trichogaster trichopterus **und** T. leerii**) gehören zu den attraktivsten Aquarienbewohnern.**

Daher gehören auch heute noch einige Labyrinthfische zu den häufigsten Aquarienfischen. Regelmäßig sind mehrere Arten der Fadenfische im Fachhandel zu bekommen. Auch Makropoden und Schleierkampffische kann man fast mit Sicherheit in Zoohandlungen erwarten. Die anderen Arten sind nur noch sporadisch im Fachhandel. Wer jedoch gezielt nach ihnen sucht, wird schon gelegentlich auf die eine oder andere Art stoßen, auf Buschfische oder Knurrende Guramis, auf Schokoladenguramis, Küssende Guramis und auf ausgefallene Kampffische. Andere Arten sind nur über Kontakte mit Gleichgesinnten zu erhalten. Vielleicht knüpfen Sie Kontakt mit der Internationalen Gemeinschaft für Labyrinthfische? Den Internetlink finden Sie im Anhang.

Zuchtformen

Ein guter Beweis für die Beliebtheit von Aquarienfischen ist es, wenn Zuchtformen vertrieben werden. Manche Aquarianer behaupten allerdings, dass Zuchtformen in Schönheit und Temperament nicht an die Wildform heranreichen. Das mag in einigen Fällen stimmen, verallgemeinern kann man das jedoch nicht.

Von den Fadenfischen und vom Makropoden existieren Gelblinge. Unter den Fadenfischen sind diese xanthoristischen Spielarten vor allem vom Punktierten Fadenfisch und vom Dicklippigen Fadenfisch bekannt. Verschiedene Zuchtformen werden auch von *Colisa lalia*, dem Zwergfadenfisch, angeboten. Hier gibt es vor allem flächig rote Zwergfadenfische und Rassen mit verstärkten Blauanteilen. Großes Interesse haben bei den Züchtern immer die Siamesischen Kampffische (*Betta splendens*) geweckt. Die kräftig gebauten Kampfrassen waren die ersten Zuchtformen. Sie wurden zunächst in Thailand gezüchtet. Vor gut 100 Jahren erschienen die ersten schleierflossigen Kampffische in Singapur. Sie wurden bald einfarbig rot und blau gezüchtet. Diese Fische sind so eindrucksvoll, dass bis heute kaum eine andere Kampffisch-Rasse neben ihnen im Handel bestehen kann.

Preisverdächtig: ein schwarzer Schmetterlings-Schleierkampffisch mit Doppelschwanz und symmetrisch ausgeformten After und Rückenflossen!

Besonders in Nordamerika beschäftigen sich viele Aquarianer ausschließlich mit dem Heranzüchten von speziellen *splendens*-Rassen. Sie werden auf großen Ausstellungen nach bestimmten Richtlinien von besonders geschulten Kampfrichtern bewertet. Gute Tiere können hier Spitzenpreise von über 100 Dollar erzielen.

Die Kampffische werden neben guter Konstitution vor allem im Hinblick auf eine bestimmte Beflossung und besondere Färbung gezüchtet. Die meist schleierflossigen Fische können dabei speziell geformte Schwanzflossen haben (Rundschwanz, Stutzschwanz, Kammschwanz, Lanzenschwanz), einige Rassen haben auch gespaltene Schwanzflossen (Doppelschwanz). Die Rückenflossen können nicht nur schleierartig stark verlängert sein, bei einigen Zuchtrassen setzen sie ebenso lang am Körper an wie die Afterflosse. Die Farben sind oft harmonisch kombiniert. Beispielsweise können die Flossen andere Farben haben als der Körper. Inzwischen ist kein Farbton und keine Farbkombination mehr unmöglich. Wichtigstes Zuchtziel ist aber immer eine harmonische Gesamterscheinung.

Der Kletterfisch (Anabas) **bewegt sich häufig auch an Land fort.**

Systematik

Die Labyrinthfische gehören zur Ordnung der Barschartigen (Perciformes). Sie bilden dort eine eigene, etwa 100 Arten umfassende Unterordnung, die Kletterfische (Anabantoidei).
Der Name „Kletterfische" leitet sich von einem der bekanntesten Vertreter dieser Unterordnung ab, vom Kletterfisch *Anabas*.
Der Systematiker teilt die Kletterfische nach ihren Verwandtschaftsbeziehungen ein und unterscheidet fünf Familien.

Familie Anabantidae

Zu dieser wohl recht ursprünglichen Familie mit relativ einfachem Labyrinth gehören drei Gattungen:

▸ **ANABAS** Der Kletterfisch *Anabas* ist mit zwei Arten weit verbreitet im tropischen Asien.

▸ **SANDELIA** Die Gattung *Sandelia* lebt mit drei kaum in Aquarien gepflegten Arten im afrikanischen Kapland.

▸ **CTENOPOMA** Die Buschfische *Ctenopoma* sind im tropischen Afrika zu Hause. Bei ihnen unterscheidet man die kleineren und oft ansprechend gefärbten Schaumnestbauer von den größeren und oft räuberisch lebenden Buschfischen, die vorwiegend graue oder braune Farbtrachten haben.

Mosaikfadenfisch-Männchen – Belontiiden mit Schwimm-eiern

Jungfisch vom Riesengurami (Osphronemus gorami)

Familie Belontiidae

Diese mit Abstand größte Familie beinhaltet die Labyrinthfische im engeren Sinne. Sie stellt auch die große Masse der in den Aquarien gehaltenen Labyrinther. Alle Belontiiden betreiben intensive Brutpflege und sind in Asien beheimatet. Man kann sie nach der Art ihrer Brutpflege den folgenden drei Gruppen zuordnen.

▶ **GATTUNGEN MIT SCHWIMMEIERN** *Belontia* (Inselmakropoden, Ceylon und Indonesien, zwei Arten), *Colisa* (Westliche Fadenfische, Vorderindien und Birma, mit lang ansetzender Rückenflosse, vier Arten), *Trichogaster* (Östliche Fadenfische, Südostasien, mit kurz ansetzender Rückenflosse, vier Arten) *Macropodus* (Großflosser, Ostasien, drei Arten).

▶ **GATTUNGEN MIT SINKEIERN** *Betta* (Nestbauende Kampffische, Südostasien, ca. 15 Arten), *Malpulutta* (Spitzschwanzgurami, Ceylon, eine Art), *Parosphromenus* (Prachtguramis, Südostasien, ca. 10 Arten), *Pseudosphromenus* (Spitzschwanzmakropoden, Vorderindien und Ceylon, zwei Arten), *Trichopsis* (Knurrende Guramis, Südostasien, drei Arten).

▶ **MAULBRÜTENDE GATTUNGEN** *Betta* (Maulbrütende Kampffische, Südostasien, ca. 20 Arten), *Ctenops* (Spitzkopfgurami, nördliches Vorderindien, eine Art), *Sphaerichthys* (Schokoladenguramis, Südostasien, vier Arten) und – es ist nicht ganz sicher, ob diese Fische Maulbrüter sind – *Parasphaerichthys* (Birmesischer Schokoladengurami, Burma, eine Art).

Küssende Guramis

Der Hechtkopf (Luciocephalus pulcher)

Familie Osphronemidae

Hierzu zählt nur eine Art, der Speise- oder Riesengurami (*Osphronemus gorami*), der im ganzen tropischen Asien als Teichfisch angetroffen wird. Er baut große Pflanzennester und betreibt Brutpflege.

Familie Helostomatidae

Auch diese Familie enthält nur eine Art, den in Südostasien beheimateten Küssenden Gurami (*Helostoma*). Er ist ein hoch spezialisierter Filtrierer und betreibt keine Brutpflege.

Familie Luciocephalidae

Diese Familie enthält ebenfalls nur eine Art, den Hechtkopf *Luciocephalus*, der in weiten Teilen Südostasiens lebt. Die Fische sind hoch spezialisierte Lauerjäger mit hechtartiger Gestalt und entsprechendem Jagdverhalten. Sie sind Maulbrüter. Die Zuordnung dieser Familie zu den Anabantoidei ist noch nicht eindeutig gesichert.

Kletterfisch
Anabas testudineus

GRÖSSE Weibchen bis 18 cm, Männchen bis 23 cm.
BESCHREIBUNG Lang gestreckter, robuster Fisch. Männchen schlanker, mit weniger gerundeter Bauchlinie als die Weibchen. Färbung grau, unterseits gelblich.
VORKOMMEN In ganz Süd- und Südostasien, häufig in fließenden und stehenden Gewässern.
TEMPERATUR 24–28 °C.
PFLEGE Kann leicht mit anderen entsprechend großen und robusten Fischen (*Ctenopoma, Belontia*) gepflegt werden. Auch Artgenossen gegenüber verträglich, da er keine Reviere errichtet.
Anspruchslos im Hinblick auf Wasser- und Futterbeschaffenheit (Regenwürmer!), doch großer Fresser. Auch zarte Wasserpflanzen werden gefressen. Braucht Versteckplätze. Vorwiegend nachtaktiv, scheu.
BESONDERHEITEN Springfreudig. Becken gut abdecken!

Ceylon-Makropode
Belontia signata

GRÖSSE Weibchen bis 13,5 cm, Männchen bis 15 cm.
BESCHREIBUNG Kräftiger Fisch mit rotbrauner Grundfärbung. Schwanzflossenstrahlen verlängert, speziell bei älteren Männchen.
VORKOMMEN Neben Sri Lanka (Ceylon) sind auch Fundorte von der Malaiischen Halbinsel und Indonesien bekannt geworden. Lebt versteckt in sauberen Fließgewässern.
TEMPERATUR 24–28 °C.
PFLEGE Unproblematisch, aber nur mit etwa gleich großen Mitbewohnern zusammen bringen. Allesfresser, der gern auch Regenwürmer nimmt. Braucht Wurzelverstecke und Pflanzen.
BESONDERHEITEN Beide Eltern beteiligen sich an der Brutpflege (Elternfamilie). Zucht in Einzelbecken (ab 70 l Inhalt) bei paarweisem Ansatz und reichlich Lebendfutter relativ problemlos.

Wabenschwanzgurami
Belontia hasselti

GRÖSSE Weibchen bis 18 cm, Männchen bis 19,5 cm.
BESCHREIBUNG Ovale Körperform, graubraune Grundfarbe, jede Schuppe dunkel gerandet. Geschlechter schwer zu unterscheiden. Weibchen gedrungener und in der Zeichnung schwächer. Wabenartiges Muster auf der Schwanzflosse und den hinteren Partien von Rücken- und Afterflosse.
VORKOMMEN Südostasien (Malaiische Halbinsel, Sumatra, Borneo, West-Java), aus Seen und langsam fließenden, klaren Urwaldgewässern.
TEMPERATUR 25–28 °C.
PFLEGE Pflegeleichter Fisch ohne besondere Ansprüche an das Wasser oder das Futter. Sehr friedlich, aber natürlich werden allzu kleine Mitfische als Futter angesehen! Liebt dicht bepflanzte, versteckreiche Aquarien. Wird bei guter Pflege 10 Jahre und älter.

Speisegurami
Osphronemus gorami

GRÖSSE Bis 100 cm.
BESCHREIBUNG Einer der größten Süßwasserfische. Jungtiere werden hin und wieder im Handel angeboten, oft unter falschem Namen! Typisch: spitze Schnauze, 7 bis 10 dunkle Querstreifen auf grauem Grund, ein schwarzer, hell eingefasster Schwanzwurzelfleck. Alttiere ohne diese Zeichnung mit Buckelkopf und klobigem Kinn.
VORKOMMEN Nutzfisch in ganz Süd- und Südostasien.
TEMPERATUR Ca. 25 °C.
PFLEGE Anspruchslos, aber großer Fresser, sehr schnellwüchsig. Jungtiere sind gegen Artgenossen angriffslustig, oft Pflanzenfresser. Im Alter keine Probleme mit der Vergesellschaftung.
BESONDERHEITEN Kein Fisch für den Liebhaberaquarianer. In großen Schauaquarien dagegen sehr wirkungsvoll.

Kriegerischer Kampffisch
Betta bellica

GRÖSSE Weibchen bis 8 cm, Männchen bis 10 cm.
BESCHREIBUNG Größter schaumnestbauender Kampffisch, lang gestreckt, verhältnismäßig kleinköpfig. Bräunlich mit hellgrün umrandeten Schuppen. Männchen mit zugespitzter Schwanzflosse.
VORKOMMEN Im Süden der Malaiischen Halbinsel, versteckt in pflanzenreichen Stillwasserzonen.
TEMPERATUR 26–28 °C.
PFLEGE Anspruchslos im Hinblick auf Wasser und Futter. Gegen Artgenossen aggressiv.
BESONDERHEITEN Zur Zucht empfiehlt sich paarweiser Ansatz, weiches, leicht saures Wasser und Lebendfutter.
Beim aus Sumatra stammenden *Betta fasciata* handelt es sich um eine sehr nahe verwandte oder sogar um dieselbe Art.

Kleiner Kampffisch
Betta imbellis

GRÖSSE Weibchen bis 4 cm, Männchen bis 5 cm.
BESCHREIBUNG Männchen in Prachtfärbung fast schwarz mit blau glänzenden Schuppen, Teile der Flossen leuchtend rot. Weibchen ocker mit kürzeren Flossen. Laichbereite Weibchen hell mit mehreren unregelmäßigen dunklen Querstreifen.
VORKOMMEN Malaiische Halbinsel, bevorzugt in strömungsarmen, pflanzenreichen Gewässern.
TEMPERATUR 26–28 °C.
PFLEGE Keine besonderen Ansprüche an das Wasser und das Futter. Zur Vergesellschaftung nur kleinere und nicht zu hektische Beifische. Als Revierfische bekämpfen sich die Männchen untereinander. In gut bepflanzten Becken mit einer Oberfläche von 80 auf 30 cm können etwa 4 Männchen gemeinsam gehalten werden und Reviere errichten. Sonst besser paarweise Haltung.

Smaragd-Kampffisch
Betta smaragdina

GRÖSSE Weibchen bis 6 cm, Männchen bis 7 cm.
BESCHREIBUNG Beide Geschlechter im Prachtkleid fast schwarz mit grün schillernden Schuppen. Ruhekleid unscheinbar ocker mit zwei parallelen Längsstreifen. Männchen mit größeren Flossen und Rot in den Bauchflossen.
VORKOMMEN Nordost-Thailand, Mittel-Laos, in verkrauteten Gräben und Teichen.
TEMPERATUR 26–28 °C.
PFLEGE Anspruchslos, braucht aber ein gut bepflanztes Becken, möglichst mit Höhlenunterständen.
BESONDERHEITEN Wird leider selten angeboten. Friedlich gegenüber anderen Fischen. Zeigt seine Prachtfärbung im Gesellschaftsaquarium aber nur selten. Besser ist die Haltung im Artaquarium (100 l für maximal 3 Paare).

Weinroter Kampffisch
Betta coccina

GRÖSSE Weibchen bis 4 cm, Männchen bis 4,5 cm.
BESCHREIBUNG Kleiner, lang gestreckter Fisch. Männchen in der Jugend an Körper und Flossen kräftig weinrot, mit leuchtend grünem Auge.
VORKOMMEN Lebt sehr versteckt zwischen abgefallenem Laub am Grund stillstehender Gewässer. Zentralsumatra und Malaiische Halbinsel.
TEMPERATUR 25–28 °C.
PFLEGE Empfindliche Tiere, die im dicht bepflanzten Artbecken untergebracht werden sollten. Sie brauchen weiches, saures Wasser (häufigerer Wasserwechsel!) und Lebendfutter.

Dunkler Kampffisch
Betta persephone

GRÖSSE Bis 4 cm.
BESCHREIBUNG Kleiner, lang gestreckter Fisch. Männchen im Balzkleid dunkelgrauviolett mit grünlichen Glanzflecken. Grün glänzend sind auch die Rücken- und Schwanzflosse.
VORKOMMEN Sehr versteckt lebend zwischen abgefallenem Laub am Grund stillstehender Gewässer im Südteil der Malaiischen Halbinsel.
TEMPERATUR 25–28 °C.
PFLEGE Die empfindlichen Tiere sollten nur im dicht bepflanzten Artbecken gehalten werden. Wie die sehr ähnlichen Weinroten Kampffische brauchen sie weiches, saures Wasser und Lebendfutter.
BESONDERHEITEN Schaumnestbauer, die Bruthöhlen bevorzugen. Nicht sehr schwer zu züchten, legen aber selten mehr als 50 Eier.

Siamesischer Kampffisch
Betta splendens

GRÖSSE Weibchen bis 5 cm, Männchen bis 6 cm.
BESCHREIBUNG Männchen größer, mit ausgeprägteren Flossen und zumeist farbiger. Die Weibchen zeigen oft ihre weiße Geschlechtspapille.
VORKOMMEN Mittleres Thailand, in verkrauteten Seen und langsam fließenden Gewässern.
TEMPERATUR 25–28 °C.
PFLEGE Anspruchslos, friedlich gegen Artfremde, mehrere Männchen nur in wirklich großen Aquarien zusammen halten. Möglichst wenig Wasserströmung!
BESONDERHEITEN Im Handel werden fast nur die schleierförmigen Zuchtformen angeboten, jedoch in vielen Farbformen, auch mit doppelter Schwanzflosse und lang ansetzender Rückenflosse (Schmetterlings-Kampffische). Weibchen ohne Schleierflossen.
Die Wildform und die bulligen Kampfrassen sind kurzflossig und hier kaum zu erhalten.

Leiterschwanz-Kampffisch
Betta climacura

GRÖSSE Weibchen bis 10 cm, Männchen bis 12 cm.
BESCHREIBUNG Großer, lang gestreckter Maulbrüter. Körperschuppen blau glänzend, netzartig gerandet. Typisch ist die spatenförmige Schwanzflosse mit den leiterartigen Verbindungen zwischen den Flossenstrahlen.
VORKOMMEN Auf Borneo, im Südwesten Ostmalaysias (Kalimantan), in schnell fließenden Urwaldbächen bzw. deren Resttümpeln in der Trockenzeit.
TEMPERATUR Um 25 °C.
PFLEGE Unproblematisch, da nicht territorial. Die Fische lieben Wasserpflanzendickichte, sind aber nicht scheu. Leider nur selten zu erhalten.
BESONDERHEITEN Arttypisch ist das Streifenmuster der Tiere bei Balz und Ablaichen. Nahe verwandt ist die im Norden Borneos beheimatete Art *Betta akarensis*.

Großer Kampffisch
Betta unimaculata

GRÖSSE Weibchen bis 10 cm, Männchen bis 12 cm.
BESCHREIBUNG Lang gestreckter Maulbrüter mit sehr großem Maul, gerundeter Schwanzflosse und auffallendem Schwanzwurzelfleck. Männchen in Prachtfärbung dunkel mit blaugrünen und goldenen Glanzschuppen.
VORKOMMEN In ganz Nordborneo häufig, besonders in schnell fließenden, pflanzenreichen Bachläufen und Gräben. Versteckt lebende Einzelgänger.
TEMPERATUR 25–26 °C.
PFLEGE Zäh und anspruchslos im Hinblick auf Wasser und Futter. Nimmt gern Regenwürmer. Braucht dicht bepflanzte, größere Becken. Relativ friedlich, auch gegen Artgenossen.
BESONDERHEITEN Maulbrüter, bei paarweiser Haltung und gutem Anfüttern leichter als die meisten anderen maulbrütenden Bettas zu züchten.

Maulbrütender Kampffisch
Betta pugnax

GRÖSSE Weibchen bis 9,5 cm, Männchen bis 10 cm.
BESCHREIBUNG Mit spatenförmiger oder zugespitzter Schwanzflosse. Körperschuppen mit grünlichen Glanzflecken.
VORKOMMEN Malaiische Halbinsel, in Fließgewässern des Hügellandes.
TEMPERATUR 24–26 °C.
PFLEGE Gegen Artgenossen und andere Arten friedlicher und sehr ruhiger Fisch. Braucht Versteckmöglichkeiten und liebt Wasserströmung. Genügsam im Hinblick auf Wasserqualität und Futter. Frisst gern kleine und mittelgroße Regenwürmer.
BESONDERHEITEN Maulbrüter. Nachzuchten sind nur mit Wildfängen leicht zu erzielen.

Gebänderter Kampffisch
Betta taeniata

GRÖSSE Weibchen bis 6 cm, Männchen bis 8 cm.
BESCHREIBUNG Beide Geschlechter mit zwei blauen oder grünlichen Kiemendeckelflecken. Unpaare Flossen leuchtend blau gerandet.
VORKOMMEN Versteckt zwischen abgefallenem Laub am Grund langsam fließender Gewässer im Süden von Sarawak (Borneo, Ostmalaysia).
TEMPERATUR 25–27 °C.
PFLEGE Selten gepflegte Tiere, deren Haltung in weichem Wasser und mit Lebendfutter leicht ist. Nachzuchten wie bei vielen maulbrütenden Bettas bei Wildfängen leicht zu erzielen, bei Nachzuchttieren jedoch problematisch.

Javanischer Kampffisch
Betta picta

GRÖSSE Weibchen bis 4,5 cm, Männchen bis 6 cm.

BESCHREIBUNG Kleiner kurzflossiger Maulbrüter mit drei Körperlängsstreifen. Männchen im Prachtkleid braunrot.

VORKOMMEN Nicht selten auf Java und Sumatra in Fließgewässern und in den Randgebieten von Seen.

TEMPERATUR 25–27 °C.

PFLEGE Keine besonderen Ansprüche an Futter oder Wasserqualität. Friedfertig und genügsam, auch zur Vergesellschaftung gut geeignet. Sehr empfehlenswert, auch für das Gesellschaftsaquarium. Leichter zu züchten als die anderen Maulbrüter.

BESONDERHEITEN Eine weit verbreitete Art, die sich durch zahlreiche geographische Varianten oder Unterarten auszeichnet. Vermutlich gehören hierzu auch *Betta simplex* und *Betta prima* aus Westmalaysia und Thailand.

Honigfadenfisch
Colisa chuna

GRÖSSE Weibchen bis 4,5 cm, Männchen bis 4 cm.

BESCHREIBUNG Männchen im Prachtkleid herrlich braunrot mit schwarzer Kehle und gelber Rückenflosse. In Normaltracht und Weibchen hellbraun mit dunklem Längsstreifen.

VORKOMMEN Brahmaputra-Tiefland; den Großteil des Jahres leben sie im Schwarm in Bächen und kleinen Flüssen, nach den Monsunregen errichten sie ihre Schaumnester in den überschwemmten Reisfeldern.

TEMPERATUR 25–28 °C.

PFLEGE Empfehlenswerter, unproblematischer Fisch sowohl für das Art- als auch für das Gesellschaftsaquarium mit nicht zu lebhaften Mitbewohnern. Schwimmpflanzen sollten vorhanden sein. Keine gehobenen Ansprüche an das Wasser oder das Futter.

BESONDERHEITEN Kleinste und gleichzeitig lebhafteste Fadenfisch-Art. Die Männchen bleiben kleiner als die Weibchen!

Zwergfadenfisch
Colisa lalia

GRÖSSE Weibchen bis 5 cm, Männchen bis 6 cm.
BESCHREIBUNG Männchen braunrot mit etwa 10 leuchtend blauen Querstreifen, blaue Kehlpartie. Weibchen weniger bunt.
VORKOMMEN Zwergfadenfische sind mit die häufigsten Fische im Einzugsbereich der großen nordindischen Ströme. Besiedeln im Sommer die überschwemmten Flachwasserzonen, um dort zu laichen.
TEMPERATUR 26–28 °C.
PFLEGE Im gut bepflanzten Aquarium mit ruhigen Mitfischen ideal zu halten. Ansprüche an Futter oder Wasser gering. Wenig Wasserströmung!
BESONDERHEITEN Es gibt mehrere Zuchtrassen im Handel: die Blaue und Rote Form, Neon-Lalias, Regenbogen-Lalias. Sehr interessantes Verhalten (u. a. Beutespucken). Die kleinen, mit Pflanzen stabilisierten Schaumnester gehören zu den sorgfältigsten Bauwerken bei Fischen.

Wulstlippiger Fadenfisch
Colisa labiosa

GRÖSSE Weibchen bis 8 cm, Männchen bis 9 cm.
BESCHREIBUNG Männchen im Prachtkleid fast schwarz. Ähnelt stark dem Gestreiften Fadenfisch, aber etwas gedrungener und kleiner. Die Männchen beider Arten sind leicht an der Form der Afterflosse zu erkennen: Bei *Colisa labiosa* ist sie hinten abgerundet, bei *Colisa fasciata* zugespitzt.
VORKOMMEN Im Flussgebiet des Irawadi in Myanmar (Birma).
TEMPERATUR 25–28 °C.
PFLEGE Stellt weder an das Wasser noch an das Futter besondere Ansprüche. Gut für das schön bepflanzte Gesellschaftsaquarium geeignet. Selbst zur Fortpflanzungszeit verhältnismäßig friedlich.
BESONDERHEITEN Gelegentlich wird eine gelbliche oder orangefarbene Zuchtform angeboten. In der Pflege unterscheidet sie sich nicht von der Wildform.

Gestreifter Fadenfisch
Colisa fasciata

GRÖSSE Weibchen bis 10 cm, Männchen bis 13 cm.

BESCHREIBUNG Größte *Colisa*-Art. Männchen in Laichstimmung dunkelrotbraun mit hellblauen Querstreifen, Weibchen farbloser. Typisch: zwei dunkle Querstreifen unter dem Kinn wie bei *Colisa labiosa*. Auch sonst ähneln sich die beiden Arten. Die Gestreiften Fadenfische sind jedoch schlanker und an der anders geformten Afterflossenspitze der Männchen zu erkennen (vgl. *Colisa labiosa*).

VORKOMMEN In den Reisanbaugebieten und den angrenzenden Flusssystemen ganz Vorderindiens weit verbreitet.

TEMPERATUR 25–28 °C.

PFLEGE Ausgezeichnet für das gut bepflanzte Gesellschaftsbecken geeignet. Anspruchsvoller als *Colisa labiosa*, starke Fresser. Trotz ihrer Größe ziemlich friedlich, aber leider nur selten im Handel.

Küssender Gurami
Helostoma temminckii

GRÖSSE Bis 30 cm, bleiben im Aquarium kleiner.

BESCHREIBUNG Die eiförmigen Tiere mit der zugespitzten Schnauze sind unschwer an ihren „Kusslippen" zu erkennen. Die Naturform ist einfarbig silbergrau. Häufiger begegnet man im Aquarium jedoch einer fleischfarbenen Zuchtform.

VORKOMMEN In Südostasien in träge fließenden Gewässern, in Teichen und Seen weit verbreitet. Als Speisefisch viel in Zuchtteichen gehalten!

TEMPERATUR 26–29 °C.

PFLEGE Nur für große Aquarien (2-Meter-Becken!) geeignet. Braucht reichlich Futter (Trockenfutter mit viel pflanzlichen Anteilen). Friedlich.

BESONDERHEITEN Das Maul ist auf das Ausfiltern planktonischer Nahrung spezialisiert, auch auf das Ablutschen von Algenrasen. Oft sieht man die Tiere beim „Küssen".

Schwarzer Makropode
Macropodus concolor

GRÖSSE Weibchen bis 8 cm, Männchen bis 12 cm.
BESCHREIBUNG Makropoden ohne Kiemendeckelflecken mit zweizipfliger Schwanzflosse. Im Händlerbecken sehen die Fische unscheinbar weißlich aus, eingewöhnte Tiere sind grau mit dunklerem Netzmuster, in Prachtfärbung sind die Männchen fast schwarz.
VORKOMMEN Sarawak (Nord-West-Borneo), vielleicht auch Vietnam.
TEMPERATUR 24–26 °C.
PFLEGE Sehr genügsamer Fisch, der Futter jeglicher Art dankbar nimmt. Gegen nicht zu kleine Fische friedfertig.
BESONDERHEITEN Früher sah man diese Art nur als Unterart oder als Zuchtform des *Macropodus opercularis* an. Die natürliche Verbreitung der Schwarzen Makropoden ist immer noch nicht völlig geklärt.

Rundschwanzmakropode
Macropodus ocellatus

GRÖSSE Weibchen bis 7 cm, Männchen bis 8,5 cm.
BESCHREIBUNG Kräftiger Fisch mit abspreizbaren Kiemendeckeln und Kiemendeckelflecken. Schwanzflosse rund, nur bei sehr alten Männchen etwas zugespitzt. Männchen bei der Balz am Kopf und im vorderen Körperdrittel hell mit tigerartigen Querstreifen. Schwanzflosse orange.
VORKOMMEN Ganz Ostchina in Gewässern jeden Typs. Nicht selten.
TEMPERATUR 20–28 °C.
PFLEGE Genügsamer, friedfertiger Fische, der Futter jeglicher Art dankbar nimmt. Gegen *Oodinium* empfindlich.
BESONDERHEITEN Alter Name: *Macropodus chinensis*. Die Fische sollten bei Temperaturen um 5–10 °C überwintert werden.

Paradiesfisch
Macropodus opercularis

GRÖSSE Weibchen bis 8 cm, Männchen bis 11 cm.

BESCHREIBUNG Männchen auf rotbraunem Grund blaue Querstreifen, Rücken und Afterflosse prächtig, äußere Schwanzflossenstrahlen leierartig verlängert.

VORKOMMEN In Südostchina in stehenden und langsam fließenden Gewässern.

TEMPERATUR 20–26 °C.

PFLEGE In jeder Hinsicht genügsam, pflanzenfreundlich. Wenn die Männchen in Laichstimmung kommen, können sie jedoch recht aggressiv und für Mitbewohner zum Problem werden.

BESONDERHEITEN Erster tropischer Aquarienfisch, der erstmalig 1869 nach Frankreich gelangte, 1876 nach Deutschland.
Es gibt noch eine Form mit besonders großen Blauanteilen und eine albinotische Zuchtform.

Gefleckter Spitzschwanzgurami
Malpulutta kretseri

GRÖSSE Weibchen bis 4,5 cm, Männchen bis 9 cm.

BESCHREIBUNG Braunrot gefärbt mit unregelmäßigen dunklen Flecken. Bauchflossen hellblau, die unpaaren Flossen blau gerandet. Männchen mit auffallendem langem Schwanzflossenfaden.

VORKOMMEN Versteckt lebender Fisch in Urwaldbächen und -tümpeln auf Ceylon (Sri Lanka).

TEMPERATUR 25–27 °C.

PFLEGE Ruhiger und versteckt lebender Fisch für erfahrene Labyrinthfischfreunde. Braucht ein gut bepflanztes Artaquarium. Wasser leicht sauer und nicht zu hart (Torffilterung!). Nimmt gelegentlich Kunstfutter, braucht jedoch regelmäßig Lebendfutter. Als Unterstand und zur Zucht sollten Höhlen bereitgestellt werden.

BESONDERHEITEN Nur für Spezialisten! Die Fische sind gute Springer, daher Aquarium gut abdecken.

Deissners Prachtgurami
Parosphromenus deissneri

GRÖSSE Weibchen bis 3,2 cm, Männchen bis 3,6 cm.
BESCHREIBUNG Zierlicher Fisch mit zwei kräftigen dunklen Streifen auf ockerfarbenem Grund. Laichwillige Männchen mit schönen Rot- und Blautönen in den Flossen.
VORKOMMEN Versteckt in dicht bewachsenen, nicht zu schnell fließenden Gewässern auf der Malaiischen Halbinsel, auf Sumatra und auf Bangka.
TEMPERATUR 25–27 °C.
PFLEGE Friedlicher, zierlicher Fisch, der sich nur für das Artbecken eignet. Wurzelverstecke oder Steinhöhlen. Weiches, leicht saures Wasser (Torffilter), feines Lebendfutter. Nur für fortgeschrittene Aquarianer.
BESONDERHEITEN Zucht im Aquarium ohne Boden, aber mit Kunsthöhle und schwimmendem Hornfarn. Paarweiser Ansatz.

Faden-Prachtgurami
Parosphromenus filamentosus

GRÖSSE Weibchen bis 3 cm, Männchen bis 3,6 cm.
BESCHREIBUNG Zierlicher Fisch mit zwei schwarzen Längsstreifen auf ockerfarbenem Grund. Schwanzflosse mit fadenartig verlängertem Mittelstrahl, der beim Männchen bis 4 mm lang wird.
VORKOMMEN Nicht selten in Süd-Ost-Borneo, in kleinen, langsam fließenden Gewässern.
TEMPERATUR 25–28 °C.
PFLEGE Braucht wie alle Prachtguramis ein Artbecken mit Wurzelverstecken oder Steinhöhlen, weiches, leicht saures Wasser (Torffilter)und feines Lebendfutter. Ist jedoch robuster als andere *Parosphromenus*-Arten.
BESONDERHEITEN Zucht wie bei *Parosphromenus deissneri*. Gelegentlich werden im gut eingerichteten Artbecken aber auch einige Jungtiere von selbst groß. Einer der empfehlenswertesten Prachtguramis.

Schwarzer Prachtgurami
Parosphromenus nagyi

GRÖSSE Weibchen bis 3 cm, Männchen bis 3,2 cm.
BESCHREIBUNG Zierlicher Fisch. Jungtiere, Weibchen und Männchen außerhalb der Fortpflanzungszeit mit zwei schwarzen Längsstreifen auf hellem Grund. Männchen erscheinen im Prachtkleid fast schwarz, ohne Rot.
VORKOMMEN In kleinen, nur langsam fließenden Gewässern im Osten und Westen der Malaiischen Halbinsel. Hält sich im Pflanzendickicht oder im Falllaub versteckt, oft in lockeren Trupps.
TEMPERATUR 22–28 °C.
PFLEGE Verlangt ein gut bepflanztes Artbecken mit Wurzelverstecken oder Steinhöhlen, weiches, leicht saures Wasser (Torffilter)und feines Lebendfutter. Braucht aber auch pflanzenfreien Schwimmraum. Für fortgeschrittene Aquarianer.
BESONDERHEITEN Zucht wie bei *Parosphromenus deissneri.*

Harveys Prachtgurami
Parosphromenus harveyi

GRÖSSE Weibchen bis 3 cm, Männchen bis 3,2 cm.
BESCHREIBUNG Zierlicher Fisch, der im Erscheinungsbild *Parosphromenus deissneri* ähnelt. Den Männchen fehlen im Prachtkleid deren Rottöne in den Flossen. Ihre Kehlregion ist im Gegensatz zu *Parosphromenus deissneri* schwarz gefleckt.
VORKOMMEN Leben zwischen Pflanzen versteckt in kleinen, langsam fließenden Gewässern im Westen der Malaiischen Halbinsel bei Batu Arang. Mitfische*: Luciocephalus pulcher, Sphaerichthys osphromenoides, Betta coccina.*
TEMPERATUR 26–28 °C.
PFLEGE Gut bepflanztes Artbecken mit Wurzelverstecken oder Steinhöhlen, weiches, leicht saures Wasser (Torffilter)und feines Lebendfutter. Nur für fortgeschrittene Aquarianer.
BESONDERES Zucht wie bei *Parosphromenus deissneri.*

Schwarzer Spitzschwanzmakropode
Pseudosphromenus cupanus

GRÖSSE Weibchen bis 7 cm, Männchen bis 7 cm.
BESCHREIBUNG Im Normalkleid unscheinbar bräunlich mit lang ansetzenden Rücken- und Afterflossen. Weibchen bei Balz und Ablaichen dunkel, fast schwarz und metallisch glänzend.
VORKOMMEN Beheimatet in verkrauteten Gräben im Tieflandbereich des südlichen Vorderindien und Ceylon. Sie sind dort nicht selten, leben aber sehr versteckt.
TEMPERATUR 25–26 °C.
PFLEGE Trotz seines unscheinbaren Äußeren ein sehr empfehlenswerter Aquarienfisch, da äußerst genügsam, friedlich und mit sehr interessantem Fortpflanzungsverhalten. Wegen ihres ruhigen Wesens sind die Fische jedoch nicht für größere Gesellschaftsaquarien geeignet.
BESONDERHEITEN Zucht einfach. Dabei sollte eine Bruthöhle bereitgestellt werden.

Roter Spitzschwanzmakropode
Pseudosphromenus dayi

GRÖSSE Weibchen bis 6,5 cm, Männchen bis 7,5 cm.
BESCHREIBUNG Ocker bis rosafarben mit zwei annähernd parallelen, dunklen Längsstreifen. Ausgezogene Afterflossen- und Schwanzspitzen, beim älteren Männchen oft eindrucksvoll. Unpaare Flossen rotbraun, leuchtend blau eingefasst.
VORKOMMEN Im südlichen Vorderindien (Malabarküste) nicht selten, lebt sehr versteckt.
TEMPERATUR 25–26 °C.
PFLEGE Genügsam im Hinblick auf Wasserqualität und Futter. Friedlich, auch gegen Artgenossen. Wegen seiner zurückhaltenden Art für das große Gesellschaftsaquarium wenig geeignet.
BESONDERHEITEN Zucht in kleinem, bepflanztem Aquarium mit Bruthöhle nicht schwer.

Knurrender Zwerggurami
Trichopsis pumila

GRÖSSE Weibchen bis 4,5 cm, Männchen bis 3,5 cm.
BESCHREIBUNG Körper blassgelb, bei Auflicht türkis schimmernd. Zwei dunkle Körperlängsreihen, von denen besonders die obere in Einzelflecken aufgelöst ist.
VORKOMMEN Die Fische leben versteckt in dicht verkrauteten, stehenden Gewässern in Thailand.
TEMPERATUR 26–28 °C.
PFLEGE Idealer Fisch für gut bepflanzte Kleinaquarien. Er ist robuster als er aussieht, aber dennoch nicht für zu lebhafte Mitbewohner geeignet. Braucht gelegentlich Lebendfutter.
BESONDERHEITEN Paarweiser Ansatz zur Zucht in mit Pflanzen und Kunsthöhle ausgestattetem Becken. Die Männchen geben bei der Balz gut wahrzunehmende knurrende Töne von sich.

Knurrender Gurami
Trichopsis vittata

GRÖSSE Weibchen bis 6,5 cm, Männchen bis 7 cm.
BESCHREIBUNG Bräunlich mit drei teilweise in Flecken aufgelösten Längsstreifen. Kann bei richtiger Beleuchtung blaugrün schimmern, auch rote Farben. Schwanzflosse oft in mehrere Strahlen ausgezogen.
VORKOMMEN Einer der häufigsten Labyrinthfische in Hinter- und Inselindien. Bevorzugt stehende und langsam fließende Gewässer, wo er in den bewachsenen Randzonen lebt.
TEMPERATUR 26–28 °C.
PFLEGE Gut geeignet für das schön bepflanzte Gesellschaftsaquarium mit nicht zu großen Beifischen. Untereinander friedlich. Braucht gelegentlich Lebendfutter und nicht zu hartes Wasser.
BESONDERHEITEN Die knarrenden Geräusche erinnern an eine Kinderrassel. Sie werden von beiden Geschlechtern erzeugt.

Mondscheinfadenfisch
Trichogaster microlepis

GRÖSSE Weibchen bis 15 cm, Männchen bis 18 cm.
BESCHREIBUNG Einfarbig silbrig, oft blauviolett schimmernd. Bauchflossenfäden der Männchen orange, bei den Weibchen farblos oder gelblich.
VORKOMMEN In Kambodscha und Mittelthailand häufig in verkrauteten Teilen von stillstehenden oder langsam fließenden Gewässern. Wird hier als Speisefisch gefangen.
TEMPERATUR 27–29 °C.
PFLEGE Friedliches und pflanzenfreundliches Tier, ideal für das ruhige Gesellschaftsaquarium mit nicht zu hartem Wasser. Keine gesteigerten Ansprüche an das Futter oder die Wasserzusammensetzung.

Mosaikfadenfisch
Trichogaster leerii

GRÖSSE Weibchen bis 10 cm, Männchen bis 12 cm.
BESCHREIBUNG Körper und unpaare Flossen mosaikartig gemustert, perlmuttartig glänzend. Männchen in Prachtfärbung mit orangefarbener bis tiefroter Kehle und Brust
VORKOMMEN Südborneo, Sumatra, Süden der Malaiischen Halbinsel, in flachen, warmen und verkrauteten Teilen von stillstehenden oder langsam fließenden Gewässern.
TEMPERATUR 27–29 °C.
PFLEGE Sehr friedliches und pflanzenfreundliches Tier, ideal für das ruhige Gesellschaftsaquarium mit nicht zu hartem Wasser.

Schaufelfadenfisch
Trichogaster pectoralis

GRÖSSE Weibchen bis 18 cm, Männchen bis 20 cm.
BESCHREIBUNG Grau mit dunklem, mehrfach unterbrochenem Längsband. Gelegentlich schräge Querstreifen, besonders im hinteren Teil des Körpers („Zebra-Gurami").
VORKOMMEN In stillstehenden oder langsam fließenden Gewässern. Ursprünglich in Thailand beheimatet, ist die Art jetzt in weiten Teilen Süd- und Südostasiens als Speisefisch eingeführt.
TEMPERATUR 25–29 °C.
PFLEGE Trotz seiner Größe friedliches und pflanzenfreundliches Tier, aber recht scheu. Keine gehobenen Ansprüche an Wasser und Futter.

Punktierter Fadenfisch
Trichogaster trichopterus

GRÖSSE Weibchen bis 13 cm, Männchen bis 15 cm.
BESCHREIBUNG Für die Wildform sind zwei schwarze Flecken auf dem blaugrauen bis graubraunen Körper typisch: einer in der Körpermitte, der andere in der Schwanzwurzel.
VORKOMMEN Häufigster Fadenfisch, der in ganz Südostasien vorkommt.
TEMPERATUR 24–28 °C.
PFLEGE Widerstandsfähiger Fisch, der gut für das bepflanzte, nicht zu kleine Gesellschaftsaquarium geeignet ist. Gelegentlich können die Männchen allerdings ruppig werden.
BESONDERHEITEN Es gibt verschiedene Zuchtrassen: Goldguramis, Silberguramis, Marmorierte Guramis (Cosby) und die Blauen Fadenfische.

Schokoladengurami
Sphaerichthys osphromenoides

GRÖSSE Weibchen bis 5,5 cm, Männchen bis 6 cm.
BESCHREIBUNG Seitlich stark zusammengedrückt mit ovaler Körperform. Dunkelbraun mit 3 bis 4 hellgelben Querstreifen.
VORKOMMEN In stark verkrauteten, langsam fließenden Bächen mit oft dunkelbraunem Wasser im Süden der Malaiischen Halbinsel und in Sumatra. In seiner Heimat nicht selten.
TEMPERATUR 28–30 °C.
PFLEGE Anfälliges Tier, das nur in die Hand von Spezialisten gehört. Artaquarium mit weichem, saurem Wasser. Lebendfutter! Sehr empfindlich gegen *Oodinium*.
BESONDERHEITEN Nahe verwandt ist *Sphaerichthys selatanensis* aus Südborneo.

Hechtkopf
Luciocephalus pulcher

GRÖSSE Bis 18 cm.
BESCHREIBUNG Schlanke, lang gestreckte Körperform, riesiges Maul. Gelbliche und braunschwarze Tarnmuster.
VORKOMMEN Langsam fließende Urwaldbäche in Südmalaysia und Indonesien.
TEMPERATUR 26–28 °C.
PFLEGE Untereinander verträglich, daher gut geeignet für ein Artaquarium mit gedämpftem Licht, weichem und leicht saurem Wasser. Als Lebendfutterfresser (vorzugsweise kleinere Fische: Guppies u. Ä.) nur für Spezialisten!
BESONDERHEITEN Diese Raubfische sind nur entfernt mit den übrigen Labyrinthfischen verwandt. Maulbrüter.

Leopardbuschfisch
Ctenopoma acutirostre

GRÖSSE Bis 15 cm.
BESCHREIBUNG Besonders hoch gebauter Buschfisch mit spitzer Schnauze und auffallend großen Augen. Grundfärbung hellbeige mit dunkelbraunen, unregelmäßig verteilten Flecken.
VORKOMMEN Im Kongogebiet und in Kamerun in den Uferzonen der Nebenflüsse und in tiefen Bächen.
TEMPERATUR 25–26 °C.
PFLEGE Ruhiges, meist scheues Tier, das gern bewegungslos in Deckung stehen. Gegen Artgenossen und nicht als Futter in Frage kommende Kleinfische völlig friedlich. Raubfisch, der gern auch Regenwürmer und (sparsam!) Mehlkäferlarven frisst.
BESONDERHEITEN In Körperform und Verhalten ähnlich ist der oft mit *Ctenopoma acutirostre* verwechselte *Ctenopoma ocellatum*.

Orangebuschfisch
Ctenopoma ansorgii

GRÖSSE Weibchen bis 7 cm, Männchen bis 8 cm.
BESCHREIBUNG Lang gestreckter, relativ kleiner Buschfisch. Männchen bei der Balz und beim Imponieren grünlich glänzend mit 5 bis 6 kräftigen schwarzen Querstreifen, dazwischen orangefarben.
VORKOMMEN In Randzonen kleiner Urwaldflüsse in Zentralafrika beheimatet. Nicht sehr häufig.
TEMPERATUR 24–26 °C.
PFLEGE Friedliches und pflanzenfreundliches Tier, das weiches und leicht saures Wasser braucht (Torffilterung!). Dämmerungstier, das sich oft versteckt hält. Gelegentliche Lebendfuttergaben sind wichtig!
BESONDERHEITEN Schaumnestbauer. Noch seltener im Handel zu haben ist der Perlbuschfisch *Ctenompoma damasi* aus Uganda.

Gebänderter Buschfisch
Ctenopoma fasciolatum

GRÖSSE Weibchen bis 7 cm, Männchen bis 8,5 cm.
BESCHREIBUNG Etwa 7 unregelmäßige blaugrüne Querbinden an den Körperseiten. Bauchflossen der Männchen länger.
VORKOMMEN Kongogebiet, in klaren, vegetationsreichen Uferzonen.
TEMPERATUR 24–26 °C.
PFLEGE Tagaktiv. Friedlich und ziemlich genügsam. Zur Haltung im Gesellschaftsaquarium gut geeignet, braucht aber viele deckungsgebende Pflanzen. Ernährung unproblematisch, nimmt jedes Futter.
BESONDERHEITEN Schaumnestbauer, Zucht relativ einfach. Das Zuchtaquarium sollte nicht zu hell stehen. Die Aquarianer unterscheiden eine bläuliche und eine graue Form.

Schwanzfleckbuschfisch
Ctenopoma kingsleyae

GRÖSSE Weibchen bis etwa 25 cm, Männchen kleiner.
BESCHREIBUNG Körperbau kräftig, Farbe grau, braun oder schwärzlich, Schuppen dunkel gerandet. Dunkler Fleck im Schwanzflossenursprung, oft nur undeutlich, bei Schreck sich hell abhebend.
VORKOMMEN Westafrika, in langsam fließenden Flüssen und Bächen.
TEMPERATUR 25–28 °C.
PFLEGE Langlebiger und robuster Fisch, der ständig in Bewegung ist. Völlig harmlos gegenüber Tieren ausreichender Größe, auch gegen Artgenossen. Geringe Ansprüche an Wasser und Futter (Regenwürmer, Mehlkäferlarven, Futtertabletten).

Zwergbuschfisch
Ctenopoma nanum

GRÖSSE Weibchen bis 6,5 cm, Männchen bis 7,5 cm.
BESCHREIBUNG Senkrechte Flossen im Gegensatz zu *Ctenopoma fasciolatum* ohne Flecken. Körper mit 6 bis 8 Querstreifen. In Prachtfärbung sind die Männchen fast schwarz.
VORKOMMEN Südkamerun, Gabun, Kongobecken und weite Teile Angolas, in kleinsten beschatteten Fließgewässern des Regenwaldes.
TEMPERATUR 24–25 °C.
PFLEGE Relativ problemlos. Gut bepflanzte Becken, auch für das Gesellschaftsaquarium geeignet. Wasser mittelhart, besser weich. Lebendfutter wird bevorzugt.
BESONDERHEITEN Schaumnestbauer.

Pfauenaugenbuschfisch
Ctenopoma weeksii

GRÖSSE Bis 10 cm.
BESCHREIBUNG Spitzschnäuzig und relativ hochrückig, dicht mit unregelmäßigen dunkelbraunen Flecken versehen.
VORKOMMEN Unteres Kongobecken um Stanley Pool und Ubangi.
TEMPERATUR 24–26 °C.
PFLEGE Relativ problemlos und ruhig, jedoch werden kleinere Fische gern als Beute betrachtet! Gut bepflanzte Becken, Wasser mittelhart, besser weich. Lebendfutter (kleine und mittelgroße Regenwürmer) wird bevorzugt.
BESONDERHEITEN Ein relativ häufig angebotener und nachgezogener Buschfisch. Bekannter unter dem Namen *Ctenopoma oxyrhynchum*.

Auch mit friedlichen Welsen aus Südamerika (hier ein Glyptoperichthys**) sind Labyrinthfische zu vergesellschaften.**

Wer passt zu wem?

Auch an dieser Stelle sind verallgemeinernde Aussagen unmöglich. Labyrinthfische stellen riesig werdende Arten (Speiseguramis bis 1 m Länge) und allerkleinste Fischzwerge (Kleiner Prachtgurami nur bis 2,7 cm). Sie stellen ausgesprochen friedliche Arten wie Schokoladenguramis und Fadenfische, gleichzeitig mit den Hechtköpfen aber auch regelrechte Raubfische. Neben sehr ruhigen Labyrinthern gibt es Arten, die fast ständig in Bewegung sind – kurz, allgemeine Aussagen sind kaum zu machen.

Es ist auch für eingefleischte „Labyrinthianer" nicht nötig und auch nur in den seltensten Fällen erstrebenswert, das Aquarium ausschließlich mit Labyrinthfischen zu besetzen. Es gibt viele weitere Aquarienfische, die sich gut mit mittelgroßen Labyrinthfischen kombinieren lassen: Keilfleckbarben und andere der kleineren Barben – lediglich bei Sumatrabarben sollte man vorsichtig sein! –, auch Panzerwelse, Salmler und Lebendgebärende Zahnkarpfen eignen sich im Gesellschaftsaquarium gut als Beifische zu Labyrinthfischen.

Es ist eine Frage des Geschmacks, ob man bei der Vergesellschaftung der Fische geographische Gesichtspunkte berücksichtigen will. Viele Aquarianer halten es für unnatürlich, wenn man Labyrinthfische aus Asien mit Segelflossern oder Lebendgebärenden aus Lateinamerika zusammenbringt. Ich persönlich empfand zunächst genauso, aber seit ich in Asien beim Fang von Labyrinthfischen auch Guppies und andere Südamerikaner im Netz fand, bin ich in dieser Angelegenheit bedeutend toleranter geworden.

Selbst Fische vom gleichen Fangort darf man oft nicht vergesellschaften. Häufig sind es Räuber und deren Beutefische, die natürlich

Kongosalmler und Fadenfische stammen zwar von verschiedenen Kontinenten – dennoch kann man sie im Aquarium recht gut zusammenhalten.

in ein und demselben Bächlein leben müssen, beispielsweise Hechtköpfe und Zwergguramis. Dass man sie nicht auf dem engen Raum eines Aquariums zusammenbringen kann, ist logisch. Aber auch vermeintlich aus denselben Räumen kommende Arten können sehr unterschiedliche Ansprüche haben. Maulbrütende Kampffische leben fast immer in fließenden Gewässern, schaumnestbauende Bettas dagegen im ruhigen und meist auch wärmeren Wasser stillstehender Seen und Tümpel. Die sind oft nur wenige Meter von den Biotopen der anderen Kampffische entfernt. Dennoch sind ihre Ansprüche andere.

Wassertemperatur, Wasserbewegung und die chemischen Wasserwerte sind also ganz wichtig, wenn man Überlegungen zur Vergesellschaftung anstellt. Hinzu kommen neben der Größe der Tiere deren Temperament, Robustheit und andere Merkmale.

Die Tabelle (◉ S. 60)gibt eine Vorstellung von den Vergesellschaftungsmöglichkeiten. Sie entstand aus jahrzehntelangen Erfahrungen mit diesen Arten, aber verständlicherweise habe ich nicht jede Kombination durchtesten können (und wollen!). Im Einzelfall mögen andere Aquarianer auch andere Erfahrungen gemacht haben. Einschränkend möchte ich noch anmerken, dass es sich bei diesen Kombinationen in jedem Fall um schon relativ große Tiere handelt. Halbwüchsige oder gar sehr kleine Jungtiere sind selbstverständlich mit noch mehr Vorsicht zu behandeln. Wo ich eine Kombination für möglich halte, heißt das nicht automatisch, dass ich sie auch empfehle. Grundsätzlich sollte man bedenken, dass Fische Individuen sind, die auch sehr individuell verschiedene Verhaltensweisen entwickeln können. Fortpflanzungsgestimmte Männchen auch der friedlichsten Arten können sich für andere Fische unter Umständen kurzfristig zur echten Gefahr entwickeln. Dann heißt es für den Aquarianer: Beobachten, die Situation richtig einschätzen und gegebenenfalls auch handeln!

Grundsätzlich sollte man bedenken: Am besten wird man seine Fische im gut bepflanzten Artbecken kennen lernen. Auch wer seine Fische züchten möchte, wird bei vielen Arten nur im Artbecken Erfolg haben.

Anabas testudineus
Belontia signata
Belontia hasselti
Osphronemus gorami
Betta bellica
Betta imbellis
Betta smaragdina
Betta coccina
Betta persephone
Betta splendens
Betta climacura
Betta unimaculata
Betta taeniata
Betta pugnax
Betta picta
Colisa chuna
Colisa lalia
Colisa labios
Colisa f
H

Anabas testudineus
Belontia signata
Belontia hasselti
Osphronemus gorami
Betta bellica
Betta imbellis
Betta smaragdina
Betta coccina
Betta persephone
Betta splendens
Betta climacura
Betta unimaculata
Betta taeniata
Betta pugnax
Betta picta
Colisa chuna
Colisa lalia
Colisa labiosa
Colisa fasciata
Helostoma temminckii
Macropodus concolor
Macropodus ocellatus
Macropodus opercularis
Malpulutta kretseri
Parosphromenus deissneri
Parosphromenus filamentosus
Parosphromenus nagyi
Parosphromenus harveyi
Pseudosphromenus cupanus
Pseudosphromenus dayi
Trichopsis pumila
Trichopsis vittata
Trichogaster leerii
Trichogaster microlepis
Trichogaster pectoralis
Trichogaster trichopterus
Sphaerichthys osphromenoides
Luciocephalus pulcher
Ctenopoma acutirostre
Ctenopoma ansorgii
Ctenopoma fasciolatum
Ctenopoma kingsleyae
Ctenopoma nanum
Ctenopoma weeksi

Oben links: Küssende Guramis
(Helostoma temminckii)
Mitte: Paradiesfische
(Macropodus opercularis)

Mosaikfadenfische (Trichogaster leerii)

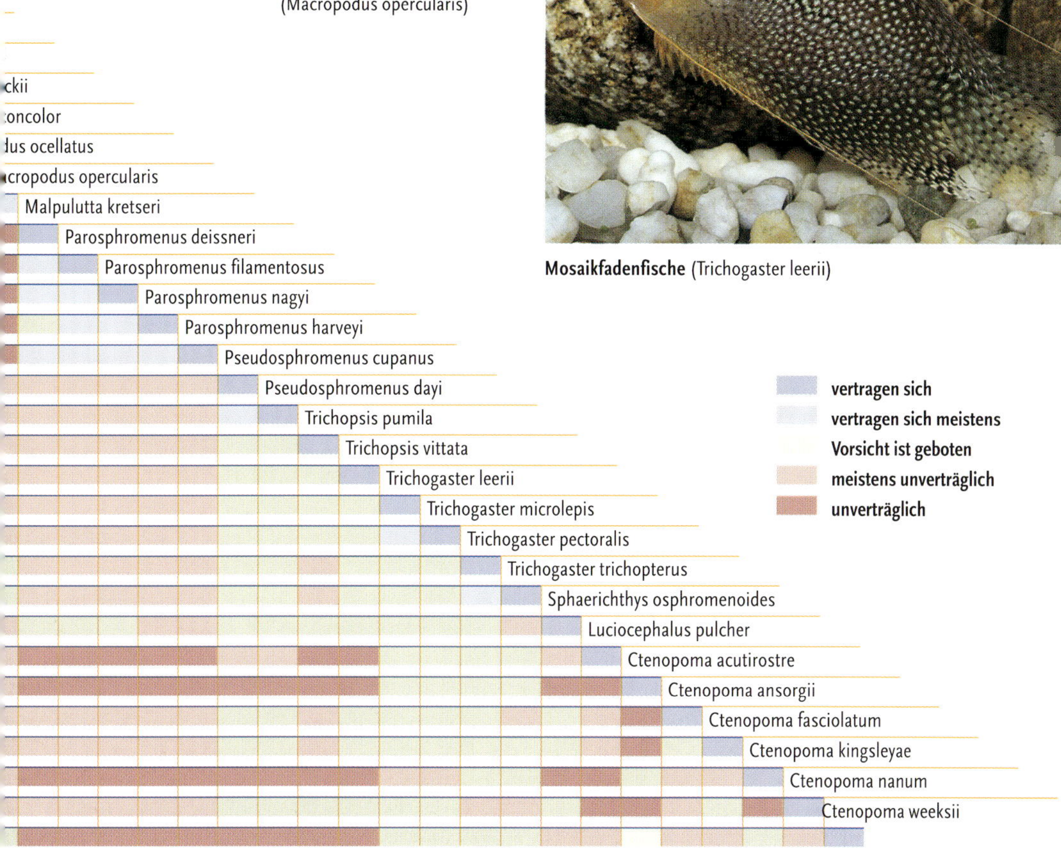

Ein Aquarium ist ein kleiner Teilausschnitt aus der Natur. Solch künstliches Biotop ist mit einem Garten zu vergleichen. Wie ein Garten unserer Pflege bedarf, so kommt man auch beim Aquarium nicht ohne Pflege und Technik aus. Hier erhalten Sie in Kurzform die wichtigsten Informationen.
Zur technischen Grundausstattung gehören neben dem Aquarium vor allem Beleuchtungsanlage, Heizung, Filter und Thermometer.

Großes oder kleines Aquarium?

Der Zoofachhändler bietet eine große Auswahl an Aquarien an. Standard sind heute mit Silikonkautschuk geklebte Glasaquarien. Die Rahmenaquarien mit kräftigen Stahlrohrrahmen sind seit Jahrzehnten nicht mehr im Handel. Auch unsere heutigen Aquarien sind absolut stabil und zuverlässig. Voraussetzung ist jedoch, dass man richtig mit ihnen umgeht. Dazu gehört vor allem, dass man sie auf eine passende Unterlage stellt, z. B. auf eine Moosgummimatte oder eine etwa 5 bis 10 mm dicke Styroporplatte. Wohnzimmeraquarien, die man mit den verschiedensten Fischen besetzen möchte, sollten nicht weniger als 70 Liter fassen. Zu empfehlen sind 100-Liter- oder 200-Liter-Aquarien, die zudem nur unwesentlich teurer sind. Es ist für die Fische und für das ganze Öko-system besser, wenn ihnen mehr Raum zum Leben zur Verfügung steht, und – seien wir mal ehrlich – es sieht auch schöner aus! Als Labyrinthfischfreund wird man aber vielfach kleinere Aquarien den großen vorziehen. Viele der kleineren Labyrinthfisch-Arten würden in großen, ja oft auch schon in mittelgroßen Becken verloren wirken. Hier seien besonders die kleinen Prachtguramis und kleine Kampffisch-Arten genannt. Ihnen kann man sich in kleinen Spezialbecken besonders intensiv widmen und ihnen ihre ganz speziellen Bedürfnisse nach sehr weichem Wasser, nach Lebendfutter und nach Geborgenheit erfüllen. Auch Spezialaquarien für Honigfadenfische, Knurrende Guramis und Spitzschwanzmakropoden brauchen nicht groß zu sein. Man sollte sich aber immer wieder vor Augen halten, dass Kleinaquarien besonderer Fürsorge bedürfen. Hier sollte man doch regelmäßig die Wasserqualität überprüfen, den regelmäßigen Wasserwechsel mit Fingerspitzengefühl durchführen und sich vor Überbesatz hüten! Kleinaquarien sind etwas für Spezialisten, nicht für Einsteiger!

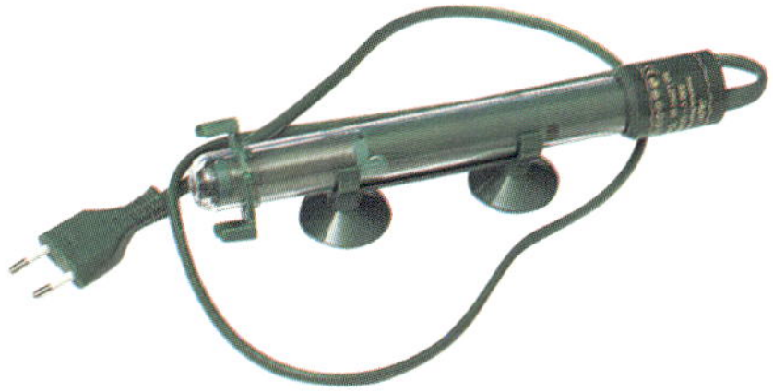

Ein Stabheizer

Labyrinthfische mögen dicht bepflanzte Unterwasserdschungel.

Die Grundausstattung

Licht – unentbehrlich für die Pflanzen

Das Licht hat im Aquarium vor allem die Aufgabe, den Wasserpflanzen das Wachsen und Gedeihen zu ermöglichen. Pflanzen brauchen zur Photosynthese vor allem Licht. Erwünschtes Nebenprodukt dieses Prozesses ist Sauerstoff, der den Fischen zugute kommt. Selbstverständlich ist das Licht auch nötig, damit man sehen kann, was im Aquarium vorgeht.
Im Zoofachhandel werden komplette Aquarienabdeckungen mit integrierten Leuchtröhren angeboten. Damit die Pflanzen richtig wachsen können, brauchen sie täglich 10 bis 12 Stunden ununterbrochen Licht. Man darf nicht denken, es sei günstig für das Pflanzenwachstum, noch ein paar Stündchen mehr zu geben! Aquarienpflanzen sind an Tropentage angepasst, und die dauern maximal 12 Stunden. Eine längere Beleuchtung würde nur den unerwünschten Algen Vorteile bringen.

Ein Regelheizer für das Tropenaquarium

Fast alle Labyrinthfische sind Kinder der Tropen. Ihrer Herkunft entsprechend brauchen sie Wasser, das wärmer als der normal geheizte Wohnraum ist. Das Labyrinthfisch-Aquarium braucht also eine Heizung.
Im Zoofachhandel werden die verschiedensten Heizsysteme angeboten. Am häufigsten benutzt man Stabheizer, die man mit Saugnäpfen unauffällig in einer der hinteren Aquarienecken unterbringen sollte. Nehmen Sie gleich einen Regelheizer, der die einmal eingestellte Temperatur zuverlässig hält.

Ohne Thermometer geht es nicht

Auch in den Tropen sind die Temperaturen nicht konstant. Gewisse Temperaturschwankungen sind also auch im Aquarium durchaus normal. Trotzdem ist ein Aquarienthermometer notwendig. Auch wenn die Regelheizer sehr zuverlässig arbeiten, sollten Sie regelmäßig die Wassertemperatur überprüfen. Daher gehört das Thermometer an eine gut einsehbare Stelle, am besten im Bereich der Frontscheibe.

Ein seltener Maulbrüter: *Betta macrostoma* **aus Borneo**

Filter für klares und gesundes Wasser

Die Aufgabe des Filters ist nicht nur, das Wasser kristallklar zu halten. In den Filtermassen sitzen eine Unmenge mikroskopisch kleiner Lebewesen, die ständig damit beschäftigt sind, die organischen Abfälle in unschädliche Substanzen umzubauen. Als Endprodukt ihrer Tätigkeit entsteht Nitrat, ein notwendiger Dünger für die Pflanzen. Allerdings wird von diesen Helfern Sauerstoff benötigt. Daher darf der Filter zwischendurch nicht für mehrere Stunden abgestellt werden, sonst sterben sie ab. Keine Angst, dass auf diese Weise zu viel Sauerstoff verbraucht wird! Wenn man den Filterausstrom aus etwa einem Zentimeter Höhe ins Wasser plätschern lässt, wird mehr als ausreichend Sauerstoff wieder ins Aquarium zurückgeführt. Sehr wichtig ist auch die durch den Filter hervorgerufene Wasserströmung in unserem Becken. Hierdurch werden das Pflanzenwachstum und die Lebensgeister vieler Fische stimuliert, unerwünschte Temperaturschichtungen werden verhindert und der Gasaustausch an der Wasseroberfläche wird gefördert. Maulbrütende Kampffische stammen fast immer aus schnell- oder mittelschnell fließenden Gewässern und fühlen sich daher auch im Aquarium am wohlsten, wenn dort ein kräftiger Filter läuft. Allerdings trifft gerade dies für die meisten anderen Labyrinther nicht zu! Sie kommen aus stillstehenden Gewässern und ziehen daher ruhigeres Wasser vor. Viele Kampffisch-Arten und Fadenfische können nur geringe Wasserströmungen verkraften.

Es gibt viele verschiedene Filtersysteme in den unterschiedlichsten Preisklassen.

▸ **INNENFILTER** Innenfilter eignen sich gut für kleinere und mittlere Aquarien. Sie werden direkt im Aquarium untergebracht. Das Problem: Man sollte versuchen sie zu verstecken. Außerdem nehmen sie Platz weg. Ein unübersehbarer Vorteil: Wasserpannen durch undichte Schlauchverbindungen sind mit Innenfiltern ausgeschlossen.

▸ **AUSSENFILTER** Für größere Aquarien sind Außenfilter empfehlenswerter. Sie können außerhalb des Aquariums in einem Schränkchen oder anderweitig gut untergebracht werden. Von der Größe und damit vom Leistungsvermögen sind hier keine Grenzen gesetzt! Außenfilter können auch gleich mit eingebautem Heizsystem ausgestattet sein. Sie sollten sich die verschiedenen Systeme und ihre spezielle Eignung beim Zoofachhändler anschauen und im Einzelnen erklären lassen!

Ebenfalls Maulbrüter: Schokoladenguramis
(Sphaerichthys osphromenoides)

Ein für Fische artgerecht und zweckmäßig gestaltetes Aquarium spricht auch besonders den menschlichen Betrachter an! In aller Regel ist ein derartiges Aquarium abwechslungsreich bepflanzt und mit Steinen oder Kienholzwurzeln schön gegliedert. Davon profitieren die Fische, weil sie hier ausreichend Versteck- und Zufluchtsplätze finden, daneben aber auch ausreichend Schwimmraum zur Verfügung haben. Bodengrund, Steine, Wurzelholz und Pflanzen sind die wichtigsten Einrichtungsmaterialien. Sie sind weit mehr als Dekoration. Der Boden beispielsweise dient als Nährstoffspeicher und zur Verankerung für die Pflanzen. Die Pflanzen sorgen durch ihre Photosynthese für den Atemsauerstoff der Fische und gleichzeitig zusammen mit dem Wurzelholz und den Steinen für Zufluchts- und Ruheplätze.

Einrichtungsmaterialien

Der Bodengrund

Vorgewaschenen Aquarienkies bekommt man beim Zoofachhandel. Wählen Sie Feinkies mit nicht zu grober Körnung. Auf künstlich gefärbten Kies sollte man verzichten. Aber letztlich ist das Geschmacksache.
Die meisten Aquarianer wollen aber ein naturnahes Aquarium – ich will hinzufügen: erfreulicherweise! Am besten wählt man dann möglichst dunklen Naturkies. Über sehr hellem Bodengrund fühlen sich viele Fische nicht wohl, der Boden kann leichter veralgen und die Fische zeigen dann nicht ihre oft leuchtenden Farben. Übrigens: Auch vorgewaschener Kies sollte zu Hause noch einmal gründlich durchgewaschen werden.

Steine und Wurzeln

Steine sind unverzichtbares Dekorationsmaterial im Aquarium. Widerstehen Sie der Versuchung, Ihr Aquarium mit vielen verschiedenen und ausgesucht schönen Steinen auszustatten. Das sieht unnatürlich und gewollt aus. Besser wirkt es, wenn man Steine nur eines Typs nimmt, also beispielsweise nur Schiefer oder nur Gneis. Kalkhaltiges Gestein sollten Sie meiden, zumindest wenn Sie Fische halten wollen, die weiches Wasser brauchen.
Als sehr schönes Dekorationsmaterial werden im Zoofachhandel die bizarren Kienholzwurzeln angeboten. Sie dienen, wie auch die Steine, nicht nur zur Dekoration, sondern geben den Fischen Schutz, Zufluchtstätten, Brutgelegenheiten und Möglichkeiten, ihre Reviere abzugrenzen.

INFO

Wurzeln richtig vorbereiten!
Frisch ins Aquarium gebrachte Wurzeln sind voller Luft und würden sofort auftreiben. Daher muss man die trockenen Wurzeln einige Tage ins Wasser legen, damit sie sich richtig vollsaugen können und so schwer werden, dass sie absinken.
Besser ist es, die Wurzeln vor dem Einbringen ins Aquarium in einem extragroßen Topf gründlich auszukochen. Dadurch werden unliebsame Keime und Kleinlebewesen abgetötet, gleichzeitig wird aber auch so viel Luft ausgetrieben, dass die Wurzeln ihren Auftrieb im Wasser verlieren. Dann lassen sie sich gut und dauerhaft im Wasser unterbringen.

Pflanzen sind im Labyrintheraquarium mehr als nur Dekorationsmittel. Sie sorgen für Sauerstoff und bieten den Fischen Versteckmöglichkeiten.

Die Pflanzen

Pflanzen sind nicht nur für Ihr Auge, sondern in erster Linie für das Gedeihen Ihres künstlichen Ökosystems wichtig. Sie erzeugen den Sauerstoff, den die Tiere zum Leben brauchen. Mit Hilfe von Wasser und des darin enthaltenen Kohlendioxids und mit Licht erzeugt das in den grünen Teilen der Pflanzen enthaltene Chlorophyll organische Bausteine und Sauerstoff.
Ein Aquarium sollte reichlich mit Pflanzen ausgestattet sein. Die höherwüchsigen Pflanzen werden an die Seiten und vor die hintere Scheibe gepflanzt, kleinere können auch im Mittelgrund untergebracht werden. Könner sorgen beim Bepflanzen dafür, dass die Pflanzen nicht wild „wie Kraut und Rüben“ durcheinander gepflanzt werden. Sie werden zu kleinen Pflanzgruppen artgleicher Pflanzen gruppiert. Die einzelnen Gruppen können dann allerdings abwechslungsreich gegeneinander abgesetzt werden:

Ein abwechslungsreich gestaltetes Becken ist für den Betrachter schön und für die Fische zweckmäßig.

Zartblättrige Pflanzen stehen neben solchen mit großen Blättern, Stängelpflanzen neben grundständigen Pflanzen, rotblättrige neben zartgrünen, diese wieder neben dunkelgrünen Pflanzen. Schön macht es sich auch, wenn man einzelne, besonders große oder besonders schöne Pflanzen wie beispielsweise eine große Amazonaspflanze oder eine Tigerlotus als „Solitär" etwas seitlich versetzt in die Mitte des Aquariums pflanzt. Genau in der Mitte sollte sie allerdings nicht stehen, das sieht unnatürlich und zu gewollt aus. Auch Schwimmpflanzen gehören ins Labyrinthfisch-Aquarium. Allerdings muss man sich dabei vor Augen halten, dass sie für die übrigen Pflanzen problematisch sind. Sie schlucken eine Menge Licht, das nun den Pflanzen der tieferen Wasserbereiche genommen wird. Hier gilt es Kompromisse zu schließen, indem man die Schwimmpflanzen nur in einem Bereich der Wasseroberfläche zulässt.

Einrichtungsvorschlag für ein großes Labyrintherbecken

Es gibt natürlich unendlich viele Möglichkeiten, ein Labyrinthfisch-Aquarium schön und zweckmäßig zu gestalten. Allerdings sollte man sich von der Vorstellung verabschieden, dass das Studium der Labyrinthfischbiotope in ihrer asiatischen oder afrikanischen Heimat wesentliche Hilfen für die Aquarieneinrichtung geben kann. Zweifellos kann man einen asiatischen Reissumpf oder ein Urwaldbächlein nachahmen. Nur würde das Ergebnis niemanden ästhetisch einnehmen; sicher wäre es auch für die Fische nicht optimal. Abwechslungsreich mit Unterwasserpflanzen ausgestattete Biotope findet man in der Heimat der Labyrinthfische nicht. Oft handelt es sich dort um überschwemmte Landpflanzen oder um Gräser, die vom Ufer herab ins Wasser hängen. Wenn man doch einmal typische Unterwasser- oder Schwimmpflanzen antrifft, handelt es sich

Eine Zuchtform des Trichogaster trichopterus – **der Marmorfadenfisch („Cosby")**

regelmäßig um eintönige Monokulturen.
Ein abwechslungsreich gestaltetes Aquarium gibt nicht nur uns, sondern auch den Fischen mehr. Als Aquarianer stellt man die Pflanzen so zusammen wie ein Gärtner bei der Planung einer Gartenanlage: nach ihren Ansprüchen, ihrer Größe, ihren Farben und ihrer Wuchsform.
Als Beispiel für ein zweckmäßig und schön eingerichtetes Labyrinthfischbecken mag das in der Abbildung (S. 71) dargestellte gelten. Es fasst etwa 80 bis 100 Liter. Natürlich kann es unschwer auch auf ein etwas kleineres oder ein größeres Becken übertragen werden. Zwei große Wurzeln sind entscheidende dekorative Elemente. Wichtiger aber ist ihre Bedeutung als Deckung für die Fische. Besonders die Wurzel rechts hinten ermöglicht es eventuell gejagten Fischen, ungestört von Rivalen, auch am Wasserspiegel Zuflucht zu finden. Das ist für Labyrinthfische, die auf das regelmäßige Luftholen am Wasserspiegel angewiesen sind, sehr wichtig.
Die Wurzeln sind im Fachhandel als Moorkienholz erhältlich. Vor dem Kauf sollte man am besten nachmessen – die meisten Aquarianer überschätzen beim Zoohändler die Größe ihres Aquariums!
Bei der Pflanzenauswahl für ein Labyrinthfischaquarium sollte berücksichtigt werden, dass auch die Wasseroberfläche gut gegliedert wird. Es werden also Pflanzen gebraucht, die schnell die Wasseroberfläche erreichen und dort weiterwachsen (Vallisnerien), oder großblättrige, aber unempfindliche Schwimmpflanzen (*Ceratopteris*). Die niedriger bleibenden Pflanzen im Vordergrund (*Cryptocorynen*) müssen mit relativ wenig Licht auskommen, da durch die anderen Pflanzen schon sehr viel Licht weggefiltert wird.

Einrichtungsvorschlag für ein Labyrinthfischbecken

Wie das in etwa aussehen könnte, zeigt die Abbildung. Am linken Rand erkennt man ein Vallisneriendickicht. Hier ließe sich waagerecht am Boden der Stabheizer unterbringen. Den Regler oder einen Regelheizer könnte man in der Ecke hinten links verstecken. Davor als Schwimmpflanze steht ein mittelgroßer Wasserhornfarn (*Ceratopteris pteridoides*), unter dessen Blättern viele Labyrinthfische sehr gern ihre Schaumnester anlegen. Etwa in der Mitte des Aquariums, ein bisschen seitlich nach links verschoben, ist als stattliche Solitärpflanze eine Tigerlotus (*Nymphaea lotus*) eingesetzt, eine Seerose mit roten Blättern. An der Rückwand stehen ein oder mehrere Stängel des großen Wasserfreundes (*Hygrophila corymbosa*) und auf der Wurzel sind zwei Kolonien des Javafarns (*Microsorium pteropus*) aufgebunden. Im Vordergrund rechts wächst Haertelscher Wasserkelch (*Cryptocoryne affinis*) und halb links eine kleine Gruppe des Zwergwasserkelchs (*Cryptocoryne x willisii*).
Die hier dargestellten Pflanzen sind alle in Süd- und Südostasien beheimatet. Die Geschmäcker sind verschieden, aber ich halte es durchaus für legitim, ein Becken für Labyrinthfische auch oder sogar vorwiegend mit amerikanischen Pflanzen auszustatten, dass also beispielsweise anstelle der Tigerlotus eine große Amazonasschwertpflanze (*Echinodorus bleheri, E. amazonicus* oder *E. cordifolius*) genommen wird und anstelle des Wasserfreundes eine Gruppe Haarnixen (*Cabomba*). Andererseits gibt es aber keinen plausiblen Grund, von diesem Besatzvorschlag abzuweichen, denn die hier gezeigten Pflanzen sind fast ständig im Handel zu bekommen und haben einen weiteren Vorteil – sie sind billig.
Billige Pflanzen sind zumeist sehr wüchsig und leicht zu vermehren, ein entscheidender Grund für die günstigen Preise. Wenn das Aquarium nach einiger Zeit doppelt so dicht wie auf der Zeichnung ist, um so besser. Allerdings müssen die Vallisnerien und der Wasserfreund ständig kurz gehalten werden. Auch beim Wasserhornfarn heißt es aufpassen, dass er nicht alles zuwächst. Wenn die Tigerlotus nach einer Weile Schwimm-

CHECKLISTE

Checkliste zum Fischbesatz

Die folgenden Punkte gelten nur für ein gut eingerichtetes und räumlich gegliedertes Aquarium!

- Als Faustregel gilt: Pro Liter Aquarienwasser nicht mehr als 1 cm Fischlänge! Im 100-Liter-Aquarium kann man also etwa 20 Fische von 5 cm Länge unterbringen.
- Ist einkalkuliert, dass die Fische wachsen? Lieber zunächst etwas weniger Fische!
- Stimmen die Ansprüche der Fische überein? Die Ansprüche an Wasserhärte, Säuregrad, Temperatur und Strömung müssen beachtet werden. Beispiel: Wegen der anderen Ansprüche an die Wasserströmung schließen sich Schaumnestbauer und Maulbrüter gegenseitig aus!
- Passen die Fische von Größe und Temperament zusammen? Bei Labyrinthfischen in Tabelle S. 60 und im Porträtteil nachschauen! Eine gemeinsame geographische Herkunft ist nicht von Bedeutung!
- Auch im typischen „Labyrinthfischbecken" macht sich ein Schwarm Keilfleck- oder Eilandbarben ausgezeichnet! Ein solcher Schwarm sollte aber aus mindestens 8 Fischen bestehen, besser mehr!
- Einige Labyrinthfisch-Arten wie beispielsweise Prachtguramis sollten nur im Artbecken gehalten werden. Auch zur Zucht sind oft Artbecken unverzichtbar!

Zwischen Schwimmpflanzenblättern werden gerne Schaumnester angelegt.

blätter nach oben sendet und das Aquarium sonst genügend dicht ist, kann man das ruhig zulassen – das heißt, man braucht die Schwimmblätter dann nicht abzukneifen. Dann kann die Seerose sogar zum Blühen kommen. Unter ihren Schwimmblättern finden die Labyrinthfische Gelegenheit, Nester anzulegen. Die hier vorgeschlagenen Cryptocorynen wachsen auch unter schlechten Lichtverhältnissen recht gut – allerdings nicht schnell. Hier werden sie doch recht schattig stehen, und speziell bei *C. x willisii* braucht man Geduld, bis sich aus einigen Ausgangspflanzen ein schöner Rasen gebildet hat – es kann zwei, drei Jahre dauern. An den Cryptocorynen und am Javafarn sollten wir nach der Pflanzung möglichst nichts mehr verändern – Geduld heißt hier die Parole. Vallisnerien, Wasserhornfarn und Wasserfreund brauchen dagegen die strenge Hand des Gärtners.

Einrichtungstipps

Einrichten Schritt für Schritt

1 Als Standort für unser Becken empfiehlt sich ein dunkler Platz im Zimmer, der wenig von natürlichem Sonnenlicht getroffen wird.

2 Sie brauchen einen ausreichend stabilen Unterschrank, ein Tischchen oder ein Aquarien-Untergestell mit einer Filzmatte oder Styropor als Unterlage.

3 Wenn das Aquarium seinen Platz gefunden hat, werden der gewaschene Kies, die bereits vorher gewässerte oder ausgekochte Wurzel und die Steine eingebracht.

4 Füllen Sie nun das Aquarium bis etwa zur Hälfte mit handwarmem Wasser auf. Damit der Bodengrund nicht zu sehr aufgewirbelt wird, leitet man den Wasserstrahl in eine auf den Kies gestellte Schale. Zusätzlich kann noch eine Lage Zeitungspapier über den Kies gelegt werden.

5 Jetzt werden Regelheizer und Filter installiert; die Stecker kommen aber noch nicht in die Steckdose!

6 Bringen Sie dann die Pflanzen in den Boden. Halten Sie sich dabei an die oben wiedergegebenen Grundsätze. Wichtig ist, dass die grundständigen Pflanzen nicht zu tief eingepflanzt werden. Das „Herz" der Pflanze, also die Stelle, aus der die Blätter kommen, darf nicht vom Kies bedeckt werden.

7 Jetzt kann auch das Thermometer angebracht werden.

8 Füllen Sie nun vorsichtig mit Wasser auf. Wieder sorgt eine Lage Zeitungspapier dafür, dass nicht zu viel am Boden aufgewirbelt wird. Achten Sie beim Einfüllen gleich auf richtig temperiertes Wasser! Das Wasser sollte etwa 4 bis 2 cm unter der Aquarienoberkante stehen. Nun nehmen wir vorsichtig die Zeitung heraus.

9 Sicher ist es nötig, dass noch einige der Pflanzen aufgerichtet werden. Einige Pflanzen müssen vielleicht auch jetzt noch neu eingepflanzt werden.

10 Dann wird der Filter in Betrieb genommen und der Regelheizer angeschlossen.

11 Sie decken das Aquarium ab – und lassen das Licht zunächst aus! Begründung: Unerwünschte Algen könnten gewissermaßen aus dem Stand wachsen – sehr zum Nachteil unserer Aquarienpflanzen, die zum Anwurzeln noch ein paar Tage brauchen. Am besten lassen Sie das Aquarium ganze 5 Tage ohne Licht!

12 Guppys und andere lebend gebärende Zahnkarpfen können jetzt schon eingesetzt werden. Sie beginnen gleich, eventuell aufkommende Algen kurz zu halten. Futter bekommen sie zunächst jedoch noch nicht! Der restliche Fischbesatz sollte erst nach weiteren 5 bis 10 Tagen ins Aquarium überführt werden.

Warum ein Kleinaquarium?

Der Labyrinthfischfreund wird in vielen Fällen nicht auf Kleinaquarien verzichten wollen. Manchmal geht es nur darum, bestimmte Fische paarweise zu halten, um sie zu züchten oder um ihr oft faszinierendes Fortpflanzungsverhalten genauer beobachten zu können. Oder man hat wertvolle Kleinlabyrinther wie Prachtguramis oder kleine Kampffische erwerben können, die einer ganz besonders intensiven Pflege bedürfen. Auch solche Fische hält man am besten paarweise oder mit wenigen Artgenossen in relativ kleinen Artaquarien von etwa 20 Liter Fassungsvermögen.

Solche Minibecken ermöglichen uns auch, die kleinen Pfleglinge ganz gezielt mit wertvollem Lebendfutter zu füttern. Auch fällt es dann vielfach leichter, Wasser mit speziellen Werten bereitzustellen. Für diese Zwecke wird meist weiches und leicht saures Wasser gebraucht.

Die Einrichtung des Kleinaquariums

Die Einrichtung eines Kleinaquariums kann im Prinzip wie beim größeren Aquarium erfolgen. Wer Labyrinthfische kurzfristig zur Zucht ansetzt oder das Wasser regelmäßig wechselt, braucht (mit Ausnahme weniger Arten) keinen Filter. Häufiges Überprüfen der Wasserwerte und ein Wasserwechsel in zweiwöchigem Turnus sollte beim Kleinaquarium aber selbstverständlich sein.

Bei sehr empfindlichen Kleinlabyrinthern ziehen es einige Spezialisten vor, überhaupt keinen Bodengrund in das Becken einzubringen. So kann man es leichter sauber halten. Die Pflanzen werden dann in kleinen Plastiktöpfchen eingebracht, wenn man sich nicht von vornherein auf Schwimmpflanzen wie Sumatrafarn oder auf Javafarn beschränkt. Zum Abdecken der Bodenscheibe und zum Ansäuern des Wassers legen viele Aquarianer vorjährige Eichen- oder Erlenblätter in das Wasser. Das kann sich auch optisch ganz gut machen, nur werden den schüchternen Fischen dadurch oft derart zahlreiche Versteckplätze angeboten, dass es dem Beobachter schwer fällt, die Kleinen aufzuspüren.

Tägliche Wartung

Zur täglichen Wartung gehört nicht viel: Schauen Sie nach den Fischen, geben Sie ihnen ein- oder besser mehrmals ihre Futterration. Geben Sie nur so viel Futter in das Becken, wie in 5 Minuten gefressen werden kann. Herumliegendes Futter verdirbt bald und schädigt die Wasserqualität. Bei dieser Gelegenheit wird mit wenigen Blicken das Funktionieren von Filter und Heizung (Thermometer!) überprüft.

Paradiesfische bei der Paarung unter dem Schaumnest

Handeln Sie sofort, wenn Sie ungewöhnliche Verhaltensweisen bei Ihren Fischen beobachten.

Auch die Gesundheit der Fische ist uns natürlich wichtig. Sollten sie sich ungewöhnlich benehmen (teilnahmslos in der Ecke stehen, ständig die Flossen klemmen, schaukelnde Bewegungen machen) oder anders als üblich aussehen (Schuppen gesträubt, mit weißen Pünktchen versehen), ist sofort zu handeln. Solche Krankheiten führen unbehandelt oft schnell zum Tod der Fische und vielfach sind sie auch ansteckend und können sich im Aquarium ausbreiten. Der Zoofachhändler hat in den meisten Fällen die richtige Medizin im Regal. Die Behandlung ist ein Kinderspiel: Ein paar Tropfen nach Gebrauchsanweisung ins Aquarium – meist reicht das vollkommen. In den meisten Fällen können die Fische im eingerichteten Aquarium bleiben und hier direkt behandelt werden. Natürlich gibt es auch unheilbare Krankheiten und schließlich muss jedes Lebewesen irgendwann sterben. Wenn wir einen toten oder sterbenden Fisch im Aquarium sehen, sollten wir ihn sofort herausholen. Andernfalls würde er das Wasser verderben und eventuell auch durch Ansteckung den anderen Fischen schaden.

Sonst sollten wir uns aber zurückhalten und nicht ständig am Aquarium herumarbeiten. Wenn nichts Außergewöhnliches auftritt, behalten Sie bei der täglichen Wartung trockene Finger!

Ein Paar Knurrender Zwergguramis (Trichopsis pumila)

Monatliche Wartung

Teilwasserwechsel

Einmal im Monat steht ein Teilwasserwechsel an! Dabei wird etwa ein Drittel des Wassers gegen gleich temperiertes Frischwasser ausgetauscht. Auf diese Weise werden Schadstoffe entfernt, die sich im Laufe der Zeit ansammeln und auf anderem Wege nicht aus dem Aquarium herauskommen können. Bei dieser Gelegenheit werden auch eventuell anfallende Pflegemaßnahmen an den Pflanzen vorgenommen (Einkürzen der Stängelpflanzen, Umpflanzen, Lichten), der Mulm wird abgesaugt und die Scheiben werden von Algen gesäubert.

Ein Teilwasserwechsel ist weniger aufwändig, als man zunächst glaubt. Selbstverständlich verbleiben alle Fische und die gesamte Einrichtung während des Wasserwechsels im Becken. Sehr wichtig ist es jedoch, für diese Zeit die Heizung und die anderen elektrisch betriebenen Geräte vom Strom zu nehmen!

Ein einfühlsam vorgenommener Wasserwechsel ist weder für die Fische noch für die Pflanzen ein unzumutbarer Stress. Oft sieht man es den Fischen direkt an, dass ihnen das Frischwasser gut tut, und sie beginnen spontan abzulaichen!

Es gibt keine Regel dafür, wann man ein Aquarium neu einrichten sollte. Solange man den Eindruck hat, dass das Aquarium gut funktioniert, kann es weiter betrieben werden. Ich kenne Aquarien, die vor 10 Jahren eingerichtet wurden und immer noch einen ausgezeichneten Eindruck machen.

WASSERCHEMIE – OHNE GEHT ES NICHT

Das Leben der Fische spielt sich im Wasser ab. Von entscheidender Bedeutung sind daher Wassertemperatur, Wasserbewegung (viel oder wenig), Wasserqualität und -zusammensetzung. Auch wenn einige Labyrinther in ihrer Heimat in stark verunreinigten Gräben und Tümpeln vorkommen, bevorzugen sie natürlich Wasser, das von Schadstoffen und Verunreinigungen absolut frei ist. Viele der selteneren Labyrinthfische haben sogar ausgesprochen hohe Ansprüche an den Reinheitsgrad des Wassers, denn sie stammen aus den fast völlig mineralfreien Gewässern der tropischen Regenwälder. Als Aquarianer muss man nicht in die Tiefen der Wasserchemie eindringen, auch wenn man sich für die Zucht und Pflege empfindlicherer Fische interessiert. Ein paar grundlegende Dinge sollte man aber schon über das zur Verfügung stehende Wasser wissen. Ist es sauer, neutral oder basisch, ist es hart oder weich?

Grundlagen

Die Wassertemperatur

Tropenfische wie die Labyrinthfische brauchen Temperaturen, die regelmäßig um einige Grad über der des Wohnzimmers liegen. Mit einem Regelheizer kann man leicht die gewünschte Temperatur einstellen. Er sorgt dann zuverlässig dafür, dass die einmal eingestellte Temperatur gehalten wird.
Auch in den Tropen herrschen jedoch nicht überall die gleichen Temperaturen. Honigfadenfische aus dem hoch gelegenen Nepal dürften sicher mit deutlich geringeren Temperaturen zufrieden sein als ihre Artgenossen aus dem Brahmaputra-Tiefland. Insofern sind die von mir bei den einzelnen Fischen angegebenen Temperaturen nur als Richtwerte zu verstehen. Innerhalb dieser Spanne fühlt sich die betreffende Fischart in der Regel absolut wohl – und das sollte man ja anstreben!
Wer seine Fische zur Zucht ansetzt, darf die Temperatur noch um ein oder zwei Grad erhöhen. Im Gesellschaftsaquarium, kann man auch etwa ein oder meist auch zwei Grad unter dem Richtwert bleiben. Wie bei allen wechselwarmen Tieren kann man auch bei den Labyrinthern feststellen: Niedrigere Temperaturen lassen die Fische langsamer und damit auch temperamentloser werden, bei höheren Temperaturen dagegen zeigt sich oft erst, welches Temperament in den Tieren steckt. Auch die Färbung wird dann oft

Blaue Schleierkampffische (Betta splendens)

wesentlich intensiver. Deshalb ist es durchaus sinnvoll, zum Zuchtansatz die Wassertemperatur etwas zu erhöhen. Die Kehrseite der Medaille: Die Lebensuhr der Fische ist begrenzt und je höher die Haltungstemperatur ist, desto kürzer ist in der Regel die Lebensspanne der Tiere.

Der Härtegrad des Wassers

Labyrinthfische kommen nur im Süßwasser vor, nur wenige Arten gehen ausnahmsweise für kurze Zeit in Brackwasserzonen. Aber auch Süßwasser enthält gelöste Salzanteile, meist nur in sehr geringer Konzentration und für unsere Zunge nicht erkennbar. Diese Salze, unter ihnen vor allem Karbonate, Sulfate und Chloride, sind für die Wasserhärte verantwortlich.

Je nach ihrer Herkunft sind Fische auf eine bestimmte Salzzusammensetzung und -menge mehr oder weniger angewiesen. Die meisten aus den Tropen stammenden Fische wie auch die Labyrinther brauchen ausgesprochen salzarmes Wasser. Das gilt vor allem für die Arten, die aus den Bächen der tropischen Regenwälder kommen.

Aus unserer Wasserleitung fließt zumeist eher härteres Wasser. Mit speziellen Wasserenthärtungsanlagen kann diesem Mangel abgeholfen werden. Andere Aquarianer schwören auf ihr Regenwasser aus der Gartentonne. Es ist sehr sinnvoll, derartig gewonnenes Regenwasser für Aquarienzwecke zu nutzen, wenn man sicher sein kann, dass es frei von unerwünschten Beimengungen ist. Vorsicht ist angebracht, wenn das Wasser über Teerdächer aufgefangen wurde. Ich kenne auch Aquarianer, die sich das Zuchtwasser für empfindliche Fische aus bestimmten Waldbächen über viele Kilometer heranholen.

Egal, ob man das Wasser aus dem Wasserhahn, aus der Regentonne, aus dem Enthärtungsfilter oder aus dem Waldbach holt – immer ist es nötig, die wichtigsten Wasserwerte zu überprüfen. Neben der Wasserhärte gehört dazu auch der Stickstoffgehalt (Nitrit- und Nitratwerte) und der Säurewert.

Testset für die Bestimmung der Wasserhärte

Im dichten Pflanzenwuchs halten sich Labyrinther gerne auf.

Der Säurewert des Wassers

Wasser kann sauer, alkalisch (= basisch) oder neutral sein. Neutrales Wasser wird mit dem pH-Wert 7 bezeichnet. Wasser mit einem geringeren pH-Wert, also 6 oder 5, wird zunehmend sauer, Wasser mit höherem pH-Wert dagegen ist alkalisch.

Da das Wasser in den Regenwaldgebieten einen pH-Wert von etwa 6 oder 6,5 hat, sind die empfindlicheren Labyrinthfische, die alle aus den Urwaldzonen kommen, auf leicht saures Wasser eingestellt. Es ist nicht immer so leicht, diese Bedürfnisse zu erfüllen, denn das Leitungswasser ist fast immer leicht basisch. Was tun? Erfreulicherweise sind die meisten Labyrinthfische nicht so empfindlich. Ihre Heimatgewässer, die Reisfelder und die größeren Flüsse, haben Säuregrade, die in unseren Aquarien auch herrschen. Hier besteht normalerweise kein Handlungsbedarf.

Wer sehr empfindliche Labyrinthfische pflegt, wie Prachtguramis, Schokoladenguramis oder besondere Bettas, sollte aber auf die Säurewerte achten! Hier empfiehlt es sich, über Aquarientorf zu filtern. Filtertorf gibt für einige Tage oder Wochen Huminsäuren ab, die das Wasser auf erwünschte Weise ansäuern. Vorsicht vor Gartentorf! Der enthält meist unerwünschte Düngebeigaben.

Eine andere Möglichkeit: Beim Zoohändler gibt es Humusextrakte zu kaufen. Die sollte man aber auch nur vorsichtig anwenden, denn gerade beim Ansäuern kann man leicht des Guten zu viel tun. Auf keinen Fall sollte man mit Salzsäure oder Essigsäure ans Aquarium gehen. Viele Aquarianer schwören jedoch auf vorjährige Eichenblätter und/oder Erlenzapfen, die sie direkt ins Zuchtaquarium geben. Tatsächlich sieht es dann im Zuchtbecken ganz ähnlich wie im Heimatbiotop dieser Tiere aus. Schöner ist es zweifellos, wenn man das Laub in kleine Leinenbeutelchen füllt und diese für einige Tage in das Becken hängt.

Bei Ranong in Südthailand: Hier leben eine Vielzahl von Wasserpflanzen und mehrere Arten von Labyrinthfischen.

Die Wasserströmung

Mit Hilfe eines Filters kann man ganz nach Belieben eine mehr oder weniger starke Strömung erzeugen. Im Gegensatz zu den meisten anderen Aquarienfischen ist das für Labyrinthfische mit wenigen Ausnahmen ein großes Problem. Sie sind auf stehendes oder nur sehr langsam fließendes Wasser eingestellt. Mit dem dann oft etwas sauerstoffärmeren Wasser kommen sie gut zurecht; dafür besitzen sie schließlich ihr Labyrinthorgan! Im Gesellschaftsbecken ist man meistens zu Kompromissen gezwungen, denn nur selten möchte man dort auf die Filterung verzichten. Hier gilt es wirklich darauf zu achten, dass das Wasser nur im „müden" Strahl ausströmt. Ursache für unerwartet frühes Dahinsterben von Labyrinthfischen ist oft eine zu starke Filterung des Gesellschaftsbeckens. Lediglich Buschfische, *Belontia*-Arten und die maulbrütenden Kampffische vertragen stärkere Wasserströmung.

SOLUTIONFINDER

PARAMETER	PROBLEME	LÖSUNG
Gesamthärte (GH)	**zu niedrig** Mangelerscheinungen.	Kalziumsulfatdihydrat (Apotheke). Kalziumkarbonat. Filtern über Muschelschalen, Muschelkalk oder Marmor.
	zu hoch Nierensteine bei den Fischen. Schädigungen der Pflanzen.	Mischen mit voll entsalztem Wasser. Filtern über Torf (pH-Wert beobachten!).
Karbonathärte (KH)	**zu niedrig** Gleichzeitig niedriger pH-Wert. Unter 2°d KH keine Pufferwirkung mehr.	Natriumhydrogencarbonat.
	zu hoch Stoffwechselprozesse laufen nicht mehr optimal ab (=> lebensverkürzende Wirkung).	Mischen mit karbonatarmem Wasser.
Säuregrad (pH)	**zu niedrig** Stoffwechselprozesse laufen nicht mehr optimal ab (=> lebensverkürzende Wirkung). Im Extremfall Säureverätzungen von Kiemen und Schleimhäuten.	Erhöhen der Karbonathärte. Verringern des Kohlendioxidgehaltes. Filtern über Kalkgestein oder Muschelschalen.
	zu hoch Stoffwechselprozesse laufen nicht mehr optimal ab (=> lebensverkürzende Wirkung).	Verringern der Karbonathärte. Kohlendioxidzufuhr. Filtern über Torf.
Ammonium (NH_4)	**zu hoch** Umwandlung in für die Fische hochgiftiges Ammoniak bei pH>6.	Teilwasserwechsel durchführen. Fischbesatz verringern. Fütterung reduzieren. Pflanzenbesatz erhöhen. Filterung optimieren, weniger häufig Filtersubstrat wechseln bzw. reinigen.

WASSERWERTE IM ÜBERBLICK

PARAMETER	PROBLEME	LÖSUNG
Nitrit (NO_2^-)	**zu hoch** Nitrobacter-Bakterien vermehren sich langsam und sind deshalb anfällig für Störungen. Pflanzen können es kaum verwerten. Hochgiftig für Fische.	Teilwasserwechsel durchführen. Sauerstoffgehalt erhöhen (=> Durchlüftung). Fischbesatz verringern. Fütterung reduzieren. Filterung optimieren, weniger häufig Filtersubstrat wechseln bzw. reinigen.
Nitrat (NO_3^-)	**zu hoch** Denitrifikanten sind meist nur in verhältnismäßig geringer Anzahl vorhanden. Bei Sauerstoffmangel Reduktion von Nitrat zu hochgiftigem Nitrit.	Teilwasserwechsel durchführen. Sauerstoffgehalt erhöhen (=> Durchlüftung). Durchlüftung des Bodengrundes (=>Bodenheizung). Fischbesatz verringern. Fütterung reduzieren. Filterung optimieren (eventuell Rieselfilter), weniger häufig Filtersubstrat wechseln bzw. reinigen.
Sauerstoff (O_2)	**zu hoch** Austreiben des für Pflanzen und pH-Wert wichtigen Kohlendioxids. Ansteigen des pH-Wertes. Kümmernde Pflanzen.	Filterrücklauf unter der Wasseroberfläche, starke Wasserbewegung vermeiden. Keine Durchlüftung. Pflanzenbesatz verringern. Pflanzen teilweise beschatten. Geringere Beleuchtungsintensität und -dauer.
	zu niedrig Atemnot der Fische bis hin zum Erstickungstod.	Zusätzlich durchlüften. Fischbesatz reduzieren. Pflanzenbesatz erhöhen. Totes org. Material entfernen.
Kohlendioxid (CO_2)	**zu niedrig** Pflanzen kümmern. Sauerstoffgehalt konstant niedrig. pH-Wert konstant hoch.	CO_2-Düngegeräte. Erhöhung des Fischbesatzes. Filterrücklauf unter der Wasseroberfläche, starke Wasserbewegung vermeiden. Keine Durchlüftung. Pflanzenbesatz verringern.
	zu hoch Selten der Fall. Atemgift für Fische, kann tödlich sein. Unkontrolliertes Pflanzen- und Algenwachstum. Konstant niedriger pH-Wert. Bei CO_2-Düngung u.U. Anhäufung von CO_2 im Luftraum. Problem für Labyrinthatmer.	Ursache finden und abstellen (zu starke CO_2-Düngung, mikrobiologische Abbauprozesse). Austreiben mittels Durchlüftung.

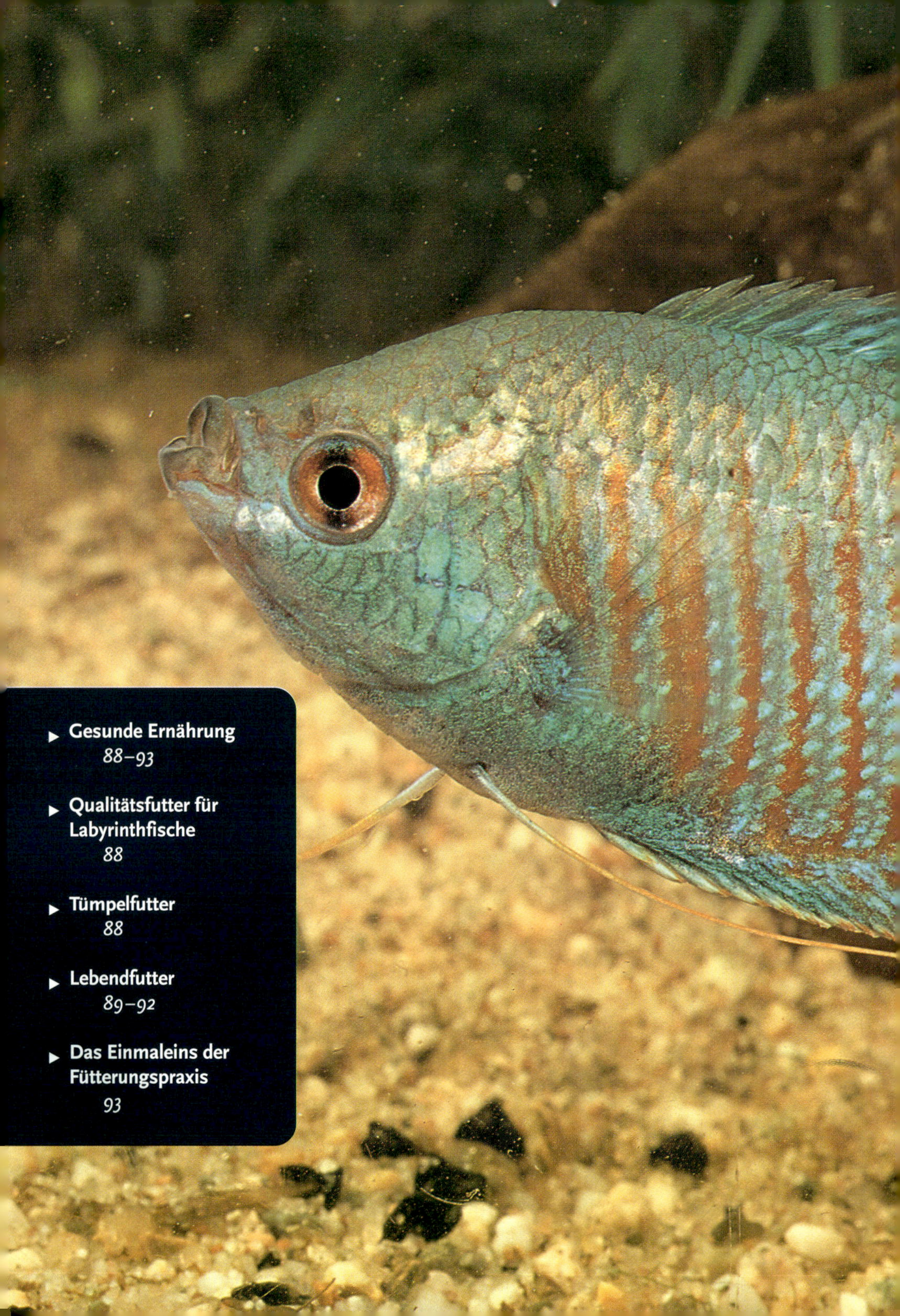

LABYRINTHFISCHE FÜTTERN

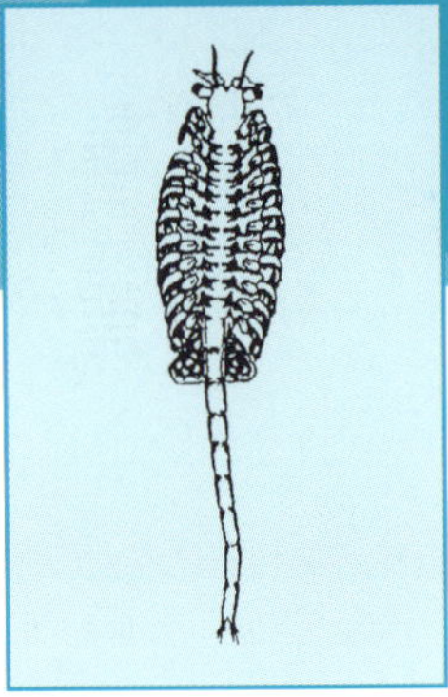

„Artemia": Salinenkrebs Artemia salina

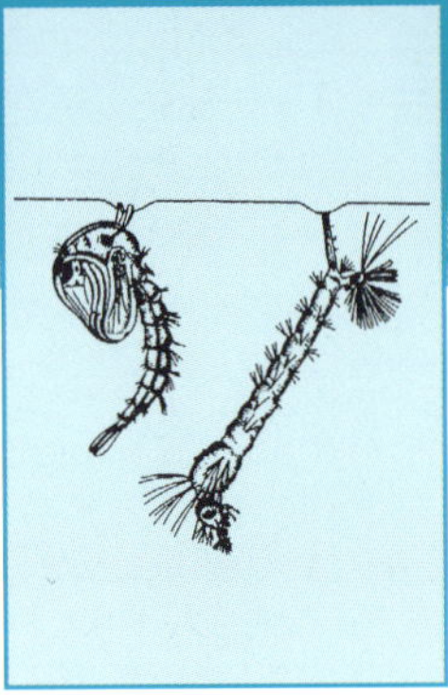

„Schwarze Mückenlarve": Puppe (li.) und Larve (re.) der Stechmücken Culex sp.

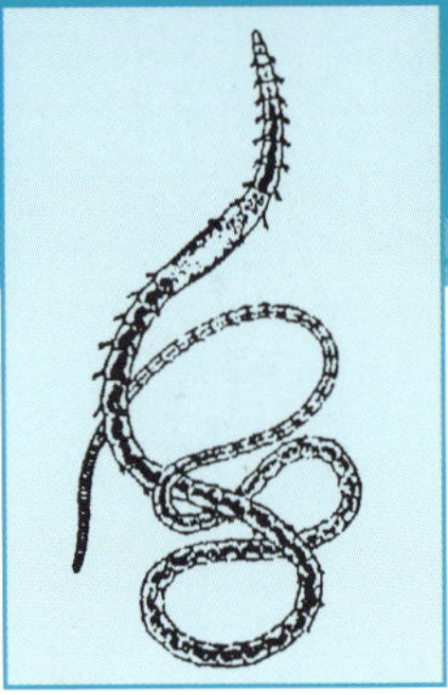

„Tubifex": Schlammröhrenwurm Tubifex sp.

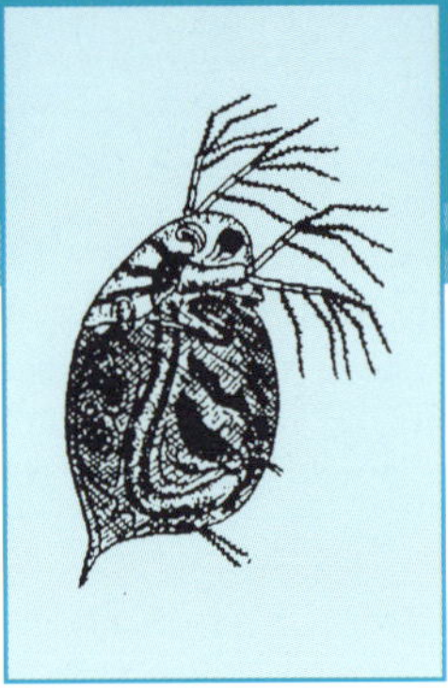

„Wasserfloh": Daphnia sp.

Qualitätsfutter für Labyrinthfische

Die allermeisten Labyrinthfische nehmen gern alle im Handel angebotenen Qualitätsfuttersorten an. Das gilt ganz besonders für die Vielzahl der Fadenfische, Makropoden und schaumnestbauenden Kampffische. Sie sind auch langfristig vollkommen mit gutem Trockenfutter versorgt. Es ist naheliegend auch hier für Abwechslung zu sorgen. Neben dem üblichen Flockenfutter sind hin und wieder gefriergetrocknete Mückenlarven u. Ä. angezeigt.
Auch die meisten anderen Labyrinthfische nehmen gern das übliche Trockenfutter. Sehr große Arten jedoch, wie einige Buschfische, brauchen deftigere Kost. Hier eignen sich Futtertabletten, wie auch für die Kletterfische. Kletterfische und Riesenguramis brauchen gelegentlich auch Vegetarisches – Reiskörner sind hier gerade richtig, aber auch Salatblätter. Dass zarte Wasserpflanzen bei den beiden letztgenannten Arten nicht gut gedeihen, sei nur nebenher erwähnt! Wasserfarne und festblättrige Cryptocorynen werden aber auch von ihnen in der Regel verschont.

Tümpelfutter

Tümpelfutter ist ein heikles Thema. Es ist sicher nicht im Sinne des Naturschutzes, wenn Tümpelränder und Teichufer von käschernden Aquarianern zertreten werden und wenn das Wasser mit Fangnetzen nach Kleintieren durchwühlt wird. Auf der anderen Seite gibt es aber sicher auch viele Möglichkeiten, auf ökologisch vertretbare Weise im eigenen Gartenteich, in der Regentonne oder an anderen gut zugänglichen Gewässern Wasserflöhe oder Mückenlarven zu erbeuten. Ich muss es hier ganz deutlich sagen: Ohne Tümpelfutter hätte ich die meisten der hier aufgeführten Arten nicht züchten können. Und der Erwerb von Prachtguramis oder seltenen Klein-Bettas wäre absolut verantwortungslos, wenn man nicht weiß, dass man sie regelmäßig mit lebendem Tümpelfutter versorgen kann! Allerdings: Gerade diese Kleinstfische brauchen nicht allzu viel vom lebensnotwendigen Lebendfutter. – Nebenbei angemerkt: Krankheiten habe ich mir durch Tümpelfutter nie eingeschleppt!

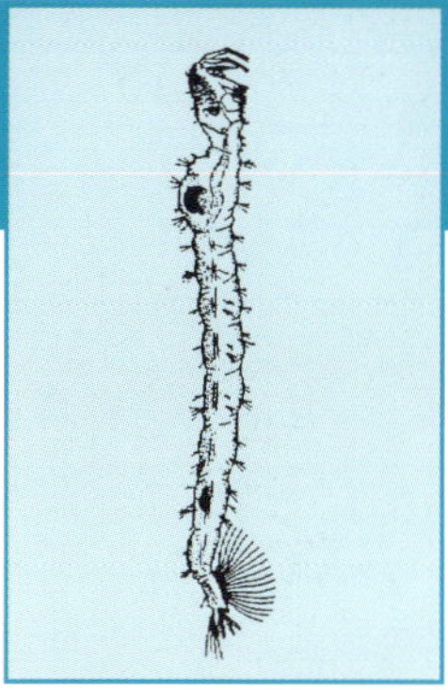

„Weiße Mückenlarve“: Büschelmückenlarve *Corethra* sp.

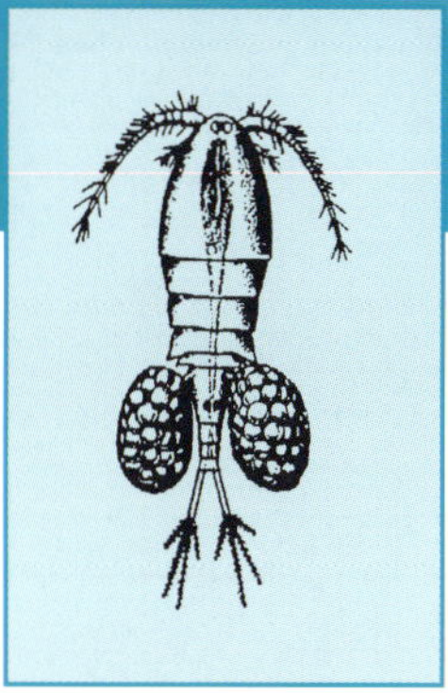

„Hüpferling“: *Cyclops* sp.

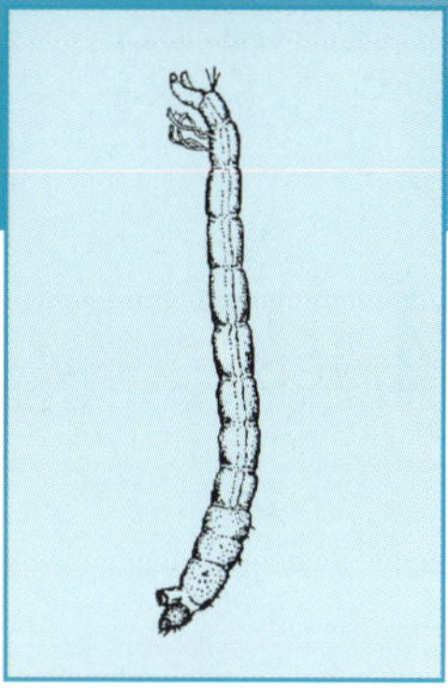

„Rote Mückenlarve“: Zuckmückenlarve *Chironomus* sp.

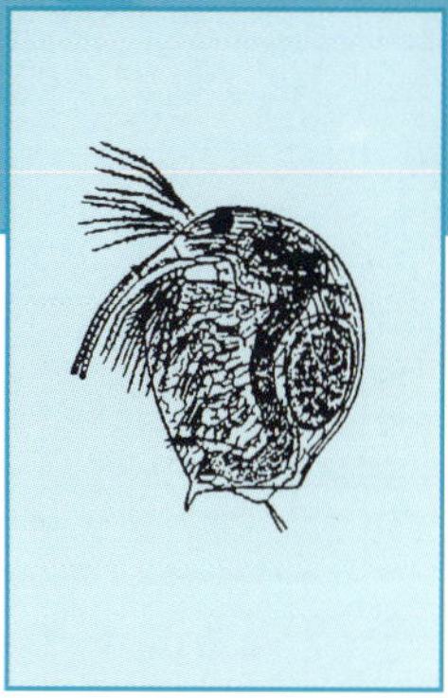

„Rüsselkrebschen“: *Bosmina* sp.

Lebendfutter

Gelegentlich werden auch im Zoohandel lebende Futtertiere angeboten. Bei Hüpferlingen, Wasserflöhen und „Schwarzen“ oder „Weißen Mückenlarven“ bestehen keine Probleme. Lediglich mit dem Verfüttern der „Schwarzen Mückenlarven“ sollte man sich beeilen, denn wenn die sich verpuppen, schlüpfen aus ihnen bald Stechmücken – für den Aquarianer ist das dann kein Grund zur Freude!

Flockenfutter eignet sich gut für die meisten Labyrinthfische.

TIPP

Zusatzfutter
Die großen Labyrinthfische brauchen neben grobflockigem Trockenfutter auch gelegentlich ihren Wurm. Hiermit sind Regenwürmer aus dem Garten gemeint, die liebend gern von den großen Buschfischen, von Inselmakropoden (Belontia) und den großen maulbrütenden Kampffischen gefressen werden. Sie bekommen ihnen ausgezeichnet. Allerdings sollte man nicht die leuchtend roten Regenwürmer aus dem frischen Kompost nehmen. Gelegentliche Stückchen von gekochtem Fisch (aus der Küche!) sind für diese Arten ebenfalls gefragte Leckerbissen.

Knurrende Guramis sollten gelegentlich mit Lebendfutter verwöhnt werden.

Lebende Tubifex, die kleinen roten Würmchen, sind erfreulicherweise oft im Fachhandel zu bekommen. Für die Aufzucht von Nachzuchten waren sie mir immer unentbehrlich! Tubifex stammt jedoch regelmäßig aus organisch stark belasteten Gewässern, ebenfalls die „Roten Mückenlarven“. Hier

sollte man zurückhaltend füttern und die Futtertiere vor dem Verfüttern einige Zeit wässern, also in kühlem, frischem Wasser waschen und hältern. Besonders bei den „Roten Mückenlarven" (es sind die Larven der Zuckmücken) ist Zurückhaltung dringend geboten. Die Fische fressen sie oft gierig in

Die meisten Fadenfische sind mit Trockenfutter zufrieden. Zur Zucht sollte man jedoch mit Lebendfutter nicht geizen.

Nur etwas für engagierte Tierpfleger: Hechtköpfe haben besondere Ansprüche an das Futter!

größeren Mengen ohne sie ausreichend zu zerkauen. Dann ist ihr Magensaft überfordert und es kann geschehen, dass sich die noch lebenden Mückenlarven aus dem Magen der Fische direkt durch die Körperwand hinaus ins Freie beißen!
Als Kompromiss für lebende Futtertiere bietet sich gefriergetrocknetes oder tiefgekühltes Futter von Mückenlarven und anderen Kleintieren an. Die meisten Fische nehmen es sehr gern und diese Futtermittel sind bei vielen Zoohändlern zu bekommen.
Wirklich schwierig ist die Futterfrage bei den Hechtköpfen! Wer sie pflegen möchte, muss eine Futterfischzucht haben. Nur sehr kleine Hechtköpfe sind mit Tümpelfutter zufrieden zu stellen. Halbwüchsige und erwachsene Tiere brauchen zwingend lebende Fische als Nahrung: Kleine und mittelgroße Guppies sind hierzu gut geeignet!

INFO

Das Einmaleins der Fütterungspraxis

WIE OFT UND WIE VIEL WIRD GEFÜTTERT?

- Die meisten Fischfreunde meinen es mit ihren Pfleglingen sehr gut – oft zu gut. Man sieht daher weit häufiger überernährte Fische als das Gegenteil. Wer zweimal täglich seine Fische mit Futter versorgt, braucht kein schlechtes Gewissen zu haben. Dabei ist es wirklich nicht nötig sich an bestimmte Fütterungszeiten zu halten. Derart gehaltene Fische sind gut versorgt, und dann ist es auch möglich die Tiere unbesorgt über das Wochenende ohne Futter zu lassen. Auch in der Natur gibt es gelegentlich kärgere Zeiten, die Fische sind darauf eingestellt. Diese Aussage trifft allerdings nur für gut gehaltene Altfische zu. Jungfische dagegen sollten regelmäßig „im Futter stehen".
- Die Futtermenge, die man pro Mahlzeit reicht, hängt natürlich von vielen Faktoren ab: vom Zustand der Fische, ihrer Art und Größe, ihrer Anzahl sowie der Wassertemperatur. Denn die Eigentemperatur der Fische entspricht der Wassertemperatur, und je höher die Wassertemperatur, desto schneller laufen alle Stoffwechselvorgänge im Organismus ab.
- Am besten beobachtet man seine Fische zunächst sehr genau bei der Futteraufnahme. Es sollten keine Futterreste für längere Zeit übrig bleiben, denn sie beeinträchtigen sehr schnell die Wasserqualität. Am besten gibt man zunächst nur so viel Futter ins Aquarium, wie in etwa 5 Minuten gefressen werden kann. Hat man den Eindruck, dass die Tiere immer noch hungrig sind, kann man ihnen anschließend gern noch eine weitere Portion geben. Man sollte sich allerdings dabei an die „5-Minuten-Regel" halten.
- Auch bei Lebendfutter sollte man sich an diese Regel halten. Besonders Tubifex und Rote Mückenlarven vergraben sich schnell im Sand und sind für Labrinthfische dann oft nur noch schwer zu erreichen. Ein Trupp Panzerwelse im Aquarium würde hier natürlich das Problem entschärfen, denn sie wühlen sich die Tiere aus dem sandigen Bodengrund heraus.
- Bei planktonischem Futter, also bei lebenden Wasserflöhen, Cyclops und „Weißen Mückenlarven" kann man allerdings sehr viel großzügiger sein: Hier könnte man das Futter gut auch einige Stunden im Becken lassen. Das Problem: Ein starker Filter würde die Futtertierchen ansaugen! Und zu lange sollte man den Filter auch nicht abstellen. Gerade im Aufzuchtbecken, in dem die Tiere (siehe oben) „gut im Futter stehen" sollen, kann man aber gut einen Trick anwenden. Man schiebt einen Schwammfilter über den Ansaugstutzen des Filters – schon ist sicher gestellt, dass die kleinen Tiere nicht im Filter landen; und kleine Jungfische natürlich auch nicht.

Aufmerksame Pflege – die wichtigste Grundvoraussetzung für gesunde Fische

Labyrinthfische sind nicht krankheitsanfälliger als andere Fische im Aquarium. Voraussetzung für die Gesunderhaltung der Tiere ist aber natürlich eine aufmerksame Pflege. Die Fische sollten bei den ihnen zusagenden Wasserwerten und bei der richtigen Temperatur gehalten werden – eigentlich eine Selbstverständlichkeit. Das aber sind die Hauptursachen für das Auftreten und unkontrollierte Ausbreiten von Fischkrankheiten.
Auch ständiger Stress macht die Fische anfällig gegen Krankheiten. Dem beugt ein ausreichend großes Aquarium vor, das nur sparsam besetzt ist und eine Vielzahl von Versteckplätzen in Form von Wurzelunterständen, größeren Steinen und Pflanzendickichten bietet.
Zur Gesunderhaltung der allermeisten Labyrinthfische ist eine ständige Filterung nicht zwingend nötig. Das gilt vor allem für Kleinbecken, auch wenn dort empfindliche Zwergarten untergebracht sind. Natürlich ist aber dann regelmäßiges Überprüfen der Wasserwerte und ein häufigerer Teilwasserwechsel angesagt!

Die häufigsten Erkrankungen

Die wohl am häufigsten bei Labyrinthfischen auftauchenden Krankheiten sind die „Pünktchenkrankheit“ *Ichthyophthirius* und *Oodinium*. Beide werden von mikroskopisch kleinen Einzellern verursacht, die vor allem auf der Haut der Fische sitzen. Bei *Ichthyophthirius* erkennen wir die Parasiten deutlich als weiße Punkte auf der Haut oder an den Flossen der Fische. Auch *Oodinium* ist an weißen Pünktchen zu erkennen, nur sind sie bedeutend kleiner. In fortgeschrittenem Stadium sieht es aus, als wären die befallenen Tiere wie mit feinem Puderzucker bestreut. Die Anfangsstadien sind nur schwer zu erkennen. Am ehesten bemerkt man *Oodinium* am veränderten Verhalten der Fische. Erkrankte Fische ziehen sich meist teilnahmslos mit geklemmten Flossen zurück.

Weiße punktartige Flecken – wie hier am Kopf des Ceylon-Makropoden – deuten auf auf die Pünktchenkrankheit hin.

INFO

Labyrinthfische rauchen mit!
Da Labyrinthfische regelmäßig atmosphärische Luft direkt in ihr Labyrinthorgan aufnehmen, sind sie durch Luftverunreinigungen besonders gefährdet.
Starke Raucher sollten das bedenken, besonders wenn sie ein offenes Aquarium, also ein Becken ohne Abdeckscheibe, betreiben!
Auch die bei anderen Aquarienfischen bewährte Praxis, den Transportbeutel mit reinem Sauerstoff aufzufüllen, ist bei Labyrinthfischen sehr problematisch und soll schon häufiger zu Todesfällen geführt haben. Oft ersticken derart behandelte Tiere aber erst Tage später, sodass der Käufer vielfach den Zusammenhang nicht erkennt.
Viele Aquarianer leiten zur Verbesserung des Pflanzenwachstums Kohlendioxid ins Wasser. Da Kohlendioxid schwerer als Luft ist, könnte sich unter bestimmten Umständen direkt über der Wasseroberfläche eine dünne Schicht dieses Gases ansammeln und für Labyrinthatmer zum Problem werden. Hier sollte man vorsichtig sein. Konkrete Unglücksfälle sind mir allerdings im Zusammenhang mit der Kohlenstoffdioxid-Düngung bisher nicht bekannt geworden.

Beide Krankheiten sind mit im Handel erhältlichen Medikamenten problemlos zu bekämpfen. Nicht behandelte Tiere müssen im Allgemeinen sterben. Außerdem stecken sie ihre Mitbewohner an. Man richte sich genau nach der Gebrauchsanweisung! Besonders *Oodinium* ist ein Schwächeparasit, der vor allem einseitig ernährte und zu kalt gehaltene Fische befällt. Dieser Krankheitserreger tritt bevorzugt in weichem Wasser auf. Bei den Kleinlabyrinthern, die diese Wasserqualitäten benötigen, heißt es also besonders aufzupassen. Sie dürfen somit nicht zu viele Versteckmöglichkeiten haben, damit wir sie regelmäßig kontrollieren können. Und gerade bei diesen Tieren, die sich gern in ihre Höhlen zurückziehen, ist es angebracht, sie gelegentlich mit der Taschenlampe anzuleuchten.

Manchmal sieht man bei Importfischen knotenartige Wucherungen an den Flossen, die oft weiß gefärbt sind. Sie zerfressen die Flossen und können nach längerer Zeit zum Tod der befallenen Tiere führen. Erreger dieser *Lymphocystis*-Krankheit ist ein intrazellulär lebendes Virus. Da *Lymphocystis* stark ansteckend ist, sollten befallene Tiere isoliert werden. Es sind entsprechende Medikamente auf dem Markt, die Behandlung ist aber langwierig. Besonders bei Import-Fadenfischen wird diese Krankheit beobachtet.
Mit Fischimporten wird gerade bei *Trichogaster*-Arten eine meist nur selten erkannte parasitäre Krankheit eingeschleppt. Die Erreger sind mikroskopisch kleine Haut- oder Kiemenwürmer der Gattung *Dactylogyrus*. Sie sind nur unter dem Mikroskop als kleine, durchsichtige Saugwürmer zu erkennen. Typisch sind ein kräftiger Hakenapparat am Hinterteil der Parasiten sowie vier schwarze Augenflecken am Vorderteil. Wenn halbwüchsige Trichogaster trotz guter Ernährung nur wenig wachsen, ist immer der Verdacht auf *Dactylogyrus* gegeben. Oft verenden diese Kümmerlinge ohne äußere Krankheitsanzeichen. Selbst die Fischbrut ist vor *Dactylogyrus*-Befall nicht sicher. Ich habe diese Parasiten bei *Trichogaster microlepis* gesehen, die sich im Kiemenbereich von seit gerade erst zwei Tagen frei schwimmenden Larven festgesetzt hatten.
Gut gehaltene Fische sind normalerweise in der Lage, die Anzahl ihrer *Dactylogyrus*-Parasiten gering zu halten. Erst bei einer Schädigung der Fische durch Abkühlung oder andere Parasiten kommt es in der Regel zu einer tödlichen Massenvermehrung der Kiemenwürmer. Als Gegenmittel empfehlen sich trichlorfonhaltige Präparate, z. B. Masoten.

Sobald die Fische aufgetriebene Bäuche, Abszesse oder Glotzaugen haben, sollte man sie vorsichtshalber sofort isolieren. Hier besteht der dringende Verdacht, dass die inneren Organe der Tiere von *Ichthyosporidium*, einem heimtückischen Pilz, befallen sind oder dass sie unter Fischtuberkulose leiden. Beide Krankheiten sind nur sehr schwer zu diagnostizieren und die Hoffnung auf Heilung ist nur gering.

Der Mondscheinfadenfisch (Trichogaster microlepis)

Alte Fische

Eingefallene Bäuche und eine magere Nackenpartie sind bei Labyrinthfischen typische Alterserscheinungen. Viele Labyrinthfische, wie zum Beispiel der Zwergfadenfisch, werden nur etwa zwei Jahre alt. Andere, wie *Osphronemus*, *Belontia* oder große Buschfische können bei guter Haltung auch ein Alter von 12 oder noch deutlich mehr Jahren erreichen. Bei mir schwimmt im Wohnzimmeraquarium ein Wabenschwanzgurami, der bereits im Mai 1984 abgelaicht hatte. Damals also war er schon mindestens ein Jahr, vermutlich aber zwei oder drei Jahre alt. Dieser Fisch ist heute (Oktober 2000) also mindestens 17 Jahre alt und erfreut sich noch bester Gesundheit!

Auch die großen maulbrütenden Kampffische können ein Alter von mehr als 10 Jahren erreichen. Die kleineren Arten unter den Bettas, speziell die schaumnestbauenden, altern dagegen wesentlich schneller. Das ist vorwiegend genetisch bedingt, aber ein wenig spielt hier auch die Wassertemperatur mit: Maulbrütende Kampffische sind in kühleren Gewässern zu Hause als die Schaumnestbauer. Bei wechselwarmen Tieren läuft die Lebensuhr umso schneller, je höher ihre Umgebungstemperatur und damit ihre eigene Körpertemperatur ist.

Als Faustregel gilt, dass die natürliche Lebenserwartung der Labyrinthfische mit zunehmender Körpergröße ebenfalls zunimmt. Es gibt aber Ausnahmen von dieser Regel. Die kleinen Honigfadenfische werden in aller Regel deutlich älter als ihre etwas größeren Verwandten, die Zwergfadenfische.

SOLUTIONFINDER

▶ SYMPTOME	▶ ERREGER/PARASIT/KRANKHEIT/URSACHE	▶ MASSNAHMEN
Himbeerartige Wucherungen an Haut und Flossen.	**Lymphocystis.** Viruserkrankung. Haltungsfehler.	Behandlung nicht möglich, Haltungsbedingungen optimieren.
Wucherungen an Haut und Flossen, die an geschmolzenes Wachs erinnern.	**Herpesvirus („Fischpocken").** Viruserkrankung.	Behandlung nicht möglich, aber meist Ausheilung ohne Todesfälle.
Ausgefranste Flossen und Maulfäule.	**Flexibacter, Columnaris.** Bakterieninfektion. Haltungsfehler.	Haltungsbedingungen optimieren, in schweren Fällen Antibiotika.
Geschwüre und Hautrötungen (auch Flossenansätze).	**Aeromonas, Pseudomonas.** Bakterieninfektion. Haltungsfehler.	Haltungsbedingungen optimieren, in schweren Fällen Antibiotika.
Abmagerung, Geschwüre, Bauchwassersucht, Schuppensträube, Glotzaugen.	**Mycobakterium sp. (Fischtuberkulose).** Bakterieninfektion. Haltungsfehler.	Auf Menschen übertragbar (Zoonose)! Keine Behandlung möglich, erkrankte Fische töten und vernichten, Haltung optimieren.
Watteähnliche Beläge auf Haut und Kiemen.	**Saprolegnia sp. („Schimmel") Mykose (Pilzerkrankung).** Haltungsfehler, Verletzungen.	Kaliumpermanganat.
„Flossenklemmen" Scheuern, milchig-bläuliche Trübung von Haut und Flossen.	**Costia, Ichthyobodo. Flagellata (Geißeltierchen).**	Malachitgrünoxalat.
Weißlich-schleimiger Kot, Abmagerung.	**Hexamita. Flagellata (Geißeltierchen).** Haltungsfehler.	Metronidazol.
Scheuern, zunächst gelblich-grauer Überzug auf der Haut, später puderzuckerartig.	**Oodinium (Samtkrankheit). Flagellata (Geißeltierchen).** Meist durch neue Fische.	Temperatur erhöhen. Malachitgrünoxalat.
Runde weiße Pünktchen auf dem ganzen Körper.	**Ichthyophthirius („Ichthyo", „Pünktchenkrankheit"). Ciliata (Wimperntierchen).**	Temperatur erhöhen. Malachitgrünoxalat.
Apathie, Luftschnappen an der Oberfläche, trüber Belag auf Kiemen und Haut.	**Chilodonella. Ciliata (Wimperntierchen).**	Malachitgrünoxalat.

WICHTIGE FISCHKRANKHEITEN

SYMPTOME	ERREGER/PARASIT/ KRANKHEIT/URSACHE	MASSNAHMEN
Scheuern, Flossenklemmen, milchig-weißer Hautbelag, schnelles Atmen.	**Trichodina (Hauttrübe). Ciliata (Wimperntierchen).**	Malachitgrünoxalat.
Scheuern, Schleimhauttrübung, wunde Stellen an Haut und Kiemen.	**Tetrahymena. Ciliata (Wimperntierchen).** Allgemeine Schwächung.	Malachitgrünoxalat.
Abmagerung, Haut- und Muskelnekrosen, evtl. rote Streifen.	**Pleistophora („Neonkrankheit"). Sporozoa (Sporentierchen).**	Sporen überleben. => Alle Fische töten, Becken ausräumen, Einrichtung vernichten.
Wie vorher, aber zusätzlich blasse Farben und aufgequollener Bauch.	**Nocardia („Falsche Neonkrankheit").** Bakterieninfektion. Haltungsfehler.	Antibiotika. Haltung optimieren.
Bis 5 mm großer beulenförmiger Fremdkörper auf der Haut.	**Argulus („Fischlaus", „Karpfenlaus").** Mit Wildfangfischen oder Lebendfutter eingeschleppt.	Mit feiner Pinzette ablesen oder Bad in schwacher Kochsalzlsg.
Deutlich gegliedert, auf der Haut, im Kiemenbereich oder im Maul sitzend.	**Isopoda (Fischasseln). Crustacea (Krebstier).**	Mit feiner Pinzette ablesen, Masoten (Vorsicht, giftig! Sondermüll!) verwenden.
Abmagerung (Symptome nur bei Massenbefall).	**Cestoda (Bandwürmer). Helminthes (Würmer).** Nur bei Wildfangfischen und über Lebendfutter.	Nur bei Massenbefall (Symptome) Behandlung nötig. Droncit® tötet die Würmer nicht, aber Larven und Eier.
Abmagerung, evtl. sichtbar heraushängender Fremdkörper am After (Camallanus).	**Capillaria sp., Camallanus sp. (Fadenwürmer, Nematodes). Helminthes (Würmer).**	Levamisol (Concurat®). Becken ausräumen und desinfizieren.
Abmagerung, Darmentzündung, Bauchwassersucht.	**Acanthocephala („Kratzer", Hakenwürmer). Helminthes (Würmer).** Nur bei Wildfangfischen und über Lebendfutter.	Levamisol (Concurat®).
Gelbe und schwarze Flecken auf Körper und Flossen, grauer Star (Hornhauttrübung).	**Larven von Saugwürmern (Trematodes). Helminthes.** Nur bei Wildfangfischen.	Keine Behandlung möglich.

Großflächig angelegt ist das lockere Schaumnest von *Ctenopoma fasciolatum.*

Ein Höhepunkt im Leben der Fische ist sicher ihre Fortpflanzung; im Leben eines Aquarianers ist es das Züchten seiner Tiere. Gerade Labyrinthfische mit ihrem sehr unterschiedlichen Fortpflanzungsverhalten werden nie langweilig. Neben ziemlich leicht zu vermehrenden Arten gibt es hier immer noch eine Vielzahl von Arten, die nur sehr schwer zu züchten sind oder deren Zucht bisher noch nicht gelungen ist.

Das Ablaichen

Einige Arten laichen selbst im Gesellschaftsaquarium regelmäßig ab. Hierzu gehören *Colisa lalia* und *Colisa chuna*, die Makropoden, *Trichogaster trichopterus*, Knurrende Guramis, Siamesische Kampffische und einige andere. Voraussetzung ist immer, dass das Becken gut bepflanzt und nicht überbesetzt ist. Auch die Wasserströmung sollte – wenn überhaupt – nur moderat sein. Natürlich haben die Fische im Gesellschaftsaquarium keine Chance, ihre Brut großzuziehen. Zu viele andere Fische stellen dem Nachwuchs nach. Aber man kann das Schaumnest

Gebänderte Buschfische (Ctenopoma fasciolatum) bei der Paarung. Hier sind die Blasen des Schaumnestes zwischen den schwimmenden Riccia-Polstern kaum zu entdecken.

INFO

Zucht mal kinderleicht, mal unmöglich!
Einige Fische können sehr leicht nachgezüchtet werden. Wenn die Nachzuchten dann weitergegeben werden, können sie selbst von den erfahrensten Aquarianern oft nicht weitergezüchtet werden. Wie ist das möglich?
Bei den zunächst erfolgreich zur Zucht gebrachten Tieren handelt es sich um Wildfänge, die unter natürlichen Bedingungen aufwachsen konnten. Die Nachzuchten sind steril, weil ihnen beim Heranwachsen wesentliche Faktoren aus ihren Heimatgewässern fehlten. Wo die Fehler bei der Aufzucht der Wildfang-Nachzuchten liegen, ist noch nicht klar. Gerade bei vielen maulbrütenden Kampffischen hat man diese Probleme. Man sagt, die Männchen fräßen ihre Eier. Das geschieht aber nur mit bereits abgestorbener Brut. – Das Problem betrifft nur einen Teil der Maulbrüter. Arten wie *Betta picta* und *Betta unimaculata* werden auch nach vielen Generationen problemlos vermehrt.

mit den Eiern mit einer Schöpfkelle vorsichtig dem Aquarium entnehmen und in ein gesondertes Aufzuchtbecken mit entsprechenden Wasserwerten überführen. Auch ohne das Beisein des Fischvaters hat man dann gute Chancen, einen Teil der Brut aufzuziehen. Zur Zucht der meisten Labyrinthfische braucht man jedoch ein gesondert hergerichtetes Zuchtaquarium. Im Gegensatz zu den Zuchtaquarien vieler Salmler und anderer Fische braucht das Zuchtbecken für Labyrinthfische keineswegs steril zu sein.

INFO

Warum fressen die Fadenfisch-Mütter ihren Laich, wenn sie die Gelegenheit dazu bekommen?
Oder: Egoistische Gene bei Fadenfischen!
Ein Kampffisch-Weibchen (*Betta splendens*) würde intensiv mit der Laichpflege beginnen, wenn man es mit dem Nest alleine lässt. In dieser Situation würde eine Zwergfadenfisch-Mutter (*Colisa lalia*) ihren Laich fressen. Wieso?
Während des Ablaichens bleiben die Weibchen der nestbauenden Bettas wie die Weibchen aller Labyrinthfische mit Sinkeiern ununterbrochen unter dem Nest. Es ist sicher – der Laich und die sich darin entwickelnden Nachkommen haben ihr Erbgut. (Genauer: Sie haben die eine Hälfte des Erbguts von ihr; die andere ist vom Vater!).
Das Laichverhalten der Fadenfische folgt einer anderen Brutpflegestrategie. Die Weibchen verlassen nach jedem Laichvorgang das Nest. Wenn sie nicht freiwillig verschwinden, hilft das Männchen nach! Im Aquarium kommen sie nach wenigen Minuten wieder und ein zweiter Paarungsvorgang beginnt. Im Freiwasser dagegen suchen sie normalerweise ein anderes laichwilliges Männchen auf! Somit streuen sie die Risiken ihrer Nachkommenschaft, zu überleben! In einem bestimmten Fadenfisch-Nest sind also vorwiegend die Eier anderer Weibchen. Somit ist es im Sinne der eigenen Gene, diese Eier zu fressen. Schon Stunden oder Tage später hat das Weibchen aus dieser nahrhaften Masse eigene Eier mit eigenem Erbgut gebildet!

Wulstlippige Fadenfische (Colisa labiosa) – **der Moment des Eiausstoßes**

Eine Ausnahme bilden hier eventuell die kleinen Bettas und empfindliche Prachtguramis. Im Normalfall ist es ideal, wenn das Zuchtbecken wie ein schönes Wohnzimmeraquarium mit Sand, Wurzelverstecken und gutem Pflanzenwuchs ausgestattet ist.
Entscheidend für den Zuchterfolg sind folgende Punkte:

- **DAS ZUCHTPAAR** sollte hier ungestört sein.
- **DAS WEIBCHEN** sollte sich vor dem oft sehr ungestümen Männchen verstecken können.
- **DAS AQUARIUM** muss ausreichend groß sein.
- **DIE WASSERQUALITÄT** sollte optimal sein.
- **DIE FUTTERQUALITÄT** Man sollte an gutem Futter, im Idealfall abwechslungsreiches Tümpelfutter, nicht sparen. Besonders Weiße und Schwarze Mückenlarven eignen sich gut zum Anfüttern!

Bei Beachtung aller Punkte sind die meisten der in der Artentabelle aufgeführten Fische zum Ablaichen zu bringen. Ein letzter Punkt muss noch kurz angesprochen werden:

Alle Schaumnestbauer brauchen jetzt möglichst ruhiges Wasser. In dieser Situation ist ein Filter unnötig, ja schädlich.

▶ **MINDESTGRÖSSE** Die Größe des Zuchtbeckens ist natürlich von Art zu Art verschieden. Zu groß kann es selten sein. Als Richtlinie für sehr gut bepflanzte und gut mit Wurzelverstecken ausgestattete Aquarien könnten folgende Mindestmaße für den paarweisen Zuchtansatz gelten:

▶ Zwergbettas, Knurrende Zwerggurami und Prachtguramis: 15 Liter,

▶ Honiggurami, Spitzschwanzmakropoden: 20 Liter,

▶ Siamesische Kampffische, Zwergfadenfische, Knurrende Guramis: 25 bis 30 Liter,

▶ Schaumnestbauende Buschfische: 40 bis 50 Liter,

▶ *Trichogaster* und *Belontia:* 80 bis 100 Liter.

Gelegentlich scheitern Zuchtversuche an einer falschen Paarzusammenstellung. Nicht jedes Paar passt zusammen. Oft brauchen auch gerade die Weibchen einige Zeit der Ruhe, bis sie ausreichend Nahrung aufgenommen haben und Laich ansetzen konnten. In solchen Fällen kann es bei stark treibenden Männchen sinnvoll sein, das Weibchen vor dem Einsetzen des Partners einige Tage allein im Zuchtbecken zu halten.

Paradiesfische (Macropodus opercularis) **bei der Paarung unter dem Schaumnest**

Colisa labiosa – **Paarungseinleitung: Das Weibchen im Vordergrund drängt sich in die Flanke des Männchens und löst so die Umschlingungsreaktion aus.**

Bei Labyrinthfischen ist es für den Züchter zumeist leicht, die Geschlechter zu unterscheiden. Die Männchen sind fast immer lebhafter gefärbt und haben kräftiger ausgeprägte Flossen. Bei *Trichopsis*-Arten und den Spitzschwanzmakropoden hat man jedoch oft Schwierigkeiten, ein Paar zusammenzustellen. Man erkennt die Weibchen am einfachsten, wenn man sie aus dem Becken herausfängt, in ein kleines Glas überführt und sie so gegen eine starke Lichtquelle betrachtet. Dann erkennt man gut die Bauchorgane, die sich vom heller durchleuchteten Schwanzteil dunkel absetzen. Normalerweise endet dieser Bauchraum ziemlich abrupt oder etwas abgerundet auf der Höhe der Afteröffnung. Bei laichreifen Weibchen ist jedoch ein sich unter der Wirbelsäule in Richtung Schwanzflosse fortsetzender Keil zu erkennen. Das ist der Eierstock, der den Fisch nicht nur als Weibchen kennzeichnet, sondern dem Fachmann auch durch die Stärke seiner Ausprägung einiges über die Laichreife des Tieres sagen kann.
Auch bei den nicht brutpflegenden Buschfischen sind die Geschlechter oft kaum zu erkennen. Die Männchen dieser Arten sind durch Dornenfelder, also durch gezackte Schuppen, ausgezeichnet, die man bei genauerem Hinschauen erkennen kann. Sie liegen seitlich am Kopf, etwa auf halber Strecke zwischen dem Augenhinterrand und dem Ende des vorderen Kiemendeckels. Sie unterstützen die Männchen während der Paarungsumklammerung beim Festhalten ihrer Partnerin.

Die Jungenaufzucht

Bei brutpflegenden Arten lässt man die Väter am besten bis zum Freischwimmen der Brut im Zuchtbecken. Die Weibchen sollte man schon früher herausfangen, wenn das ohne große Störungen zu machen ist. Besonders die Männchen der Sinkei-Produzenten leisten wertvolle Hilfe bei der Betreuung der zunächst noch schwimmunfähigen Brut. Nach dem Freischwimmen kann man auch die Väter entfernen. Im Allgemeinen stellen sie ihrer Brut jedoch zumindest in den ersten Tagen nicht nach.

Mit dem Freischwimmen verlangen die Kleinen nach Futter. Die Brut ist zunächst noch so klein, dass man ihre Futtertiere mit dem unbewaffneten Auge gar nicht erkennen kann. Es sind kleinste Einzeller und Rädertierchen, die in jedem gut eingerichteten Aquarium vorkommen. Die meisten Aquarianer haben nicht vor, Hunderte von Jungfischen aufzuziehen und dann auf den Markt zu bringen. Sie begnügen sich daher mit den Tieren, die in einem gut eingerichteten Zuchtaquarium gewissermaßen „von selbst" groß kommen. Besonders zwischen Schwimmpflanzen (*Riccia* ist hier „Geheimtipp") leben sehr viele Kleinsttiere, die hier von den zunächst direkt unter der Wasseroberfläche schwimmenden Kleinen aufgesucht werden. Gern geben daher Züchter auch ein oder zwei Tage nach dem Freischwimmen der Kleinen noch ein oder zwei Hände Riccia aus einem anderen Becken in das Zuchtaquarium.
Wer gezielter züchten möchte, streut Infusorienansätze auf den Wasserspiegel. Man kann diese Kulturen im Fachhandel bekommen, auch als Flüssigansatz. Man halte sich an die mitgegebenen Anleitungen. Andere Züchter haben besondere „Geheimrezepte". Sie streuen getrocknetes, pulverisiertes Eigelb auf den Wasserspiegel. So erzielen sie einen guten Nährboden für Bakterien, die wiederum Nahrungsbasis für Einzeller sind. Das erste schwierige Stadium dauert je nach Art ein bis fünf Tage. Danach sind die Jungen groß genug, frisch geschlüpfte Salzkrebs-Larven (Artemien) zu fressen. Auch Salzkrebs-Eier gibt es zusammen mit den entsprechenden Kulturgeräten und den Zuchtanleitungen im Fachhandel. Für Hobby- wie für Berufszüchter sind diese orangefarbenen

Riccia **am Boden des Aquariums bringt den Labyrinthfischen wenig. Schwimmend an der Wasserfläche bietet dieses Moos aber vorzügliche Verstecke für heranwachsende Fische.**

Krebschen so gut wie unentbehrlich! Sie dienen als Hauptfutter für die nächsten ein bis zwei Wochen. Die leuchtend orangefarbenen Bäuchlein der kleinen Fischchen zeigen uns, dass sie ausreichend „im Futter stehen“. Nun beginnen sie oft rasant zu wachsen. Nach wenigen Tagen Artemien-Fütterung kann man beginnen, den Jungen auch feinstzerschnittene Tubifex (Bachröhrenwürmer) zu geben. Lebende Tubifex sind bei vielen Zoohändlern zu bekommen. Ein Klümpchen dieser Tiere wird – es hört sich makaber an – auf ein Brettchen gelegt und mit einer Rasierklinge zu einem feinen Brei zerschnitten. Fein ausgewaschen sind diese Tubifex-Stückchen ein ganz ausgezeichnetes Aufzuchtfutter. Später bekommen die kleinen Fischchen ausgesiebtes, feines Tümpelfutter. In diesem Alter, oft auch schon früher, kann man beginnen, seine Nachzucht auf Trockenfutter umzustellen.

PROBLEM	URSACHE	ABHILFE
Partner haben kein Interesse aneinander.	**Eventuell kein Paar, geschlechtsgleiche Partner.**	Partner austauschen, Geschlechtsunterschiede beach-ten (Porträtteil).
	Tiere noch zu jung.	Abwarten. Partner am besten zunächst einige Zeit getrennt halten.
	Wasser nicht in Ordnung.	Wasserwerte überprüfen. Das Wasser sollte weich und leicht sauer sein. Schaumnestbauer brauchen möglichst wenig Wasserbewegung, meist auch keinen Filter! Maulbrüter benötigen dagegen Strömung.
	Temperatur zu niedrig.	Zur Zucht kann die Temperatur gut 3 ° C höher als die im Porträtteil empfohlenen Werte eingestellt werden.
	Tiere krank oder nicht in Laichkondition.	Gegebenenfalls auf Krankheit hin behandeln. Sonst gut anfüttern, am besten mit abwechslungsreichem Lebendfutter. Besonders geeignet: Weiße und Schwarze Mückenlarven.

ZUCHT VON LABYRINTHFISCHEN

PROBLEM	URSACHE	ABHILFE
Das Weibchen wird heftig gejagt.	**Zu kleines Becken.**	Das Zuchtaquarium kann nie zu groß sein!
	Keine oder zu wenig Versteckmöglichkeiten.	Aquarium durch Steine, Wurzeln und Pflanzen räumlich gut gliedern. Das Weibchen sollte auch irgendwo am Wasserspiegel Sichtschutz haben (Luftaufnahme!).
	Aquarium unzweckmäßig eingerichtet.	Höhlenbrüter brauchen höhlenähnliche Verstecke, Schaumnestbauer nach Möglichkeit Schwimmpflanzen.
	Weibchen ist noch nicht in Laichkondition.	Gut mit lebenden Weißen oder Schwarzen Mückenlarven anfüttern. Der Laichansatz ist dann bereits nach wenigen Tagen zu erkennen.
Larven schlüpfen nicht.	**Laich verschwindet.**	Schnecken oder andere Fische als Laichräuber, evtl. auch die Mutter! Entfernen.
	Maulbrüter-Väter verschlucken den Laich bald oder nach einigen Tagen.	Vermutlich waren die Eier abgestorben oder nicht richtig befruchtet. Wasserwerte verbessern und optimale Ernährung der Zuchttiere.
	Eier empfindlicher Arten verpilzen.	Mittel gegen Laichverpilzung im Fachhandel.
	Larven werden übersehen.	Die Larven sind oft winzig klein und werden von „Erstzüchtern“ leicht übersehen.

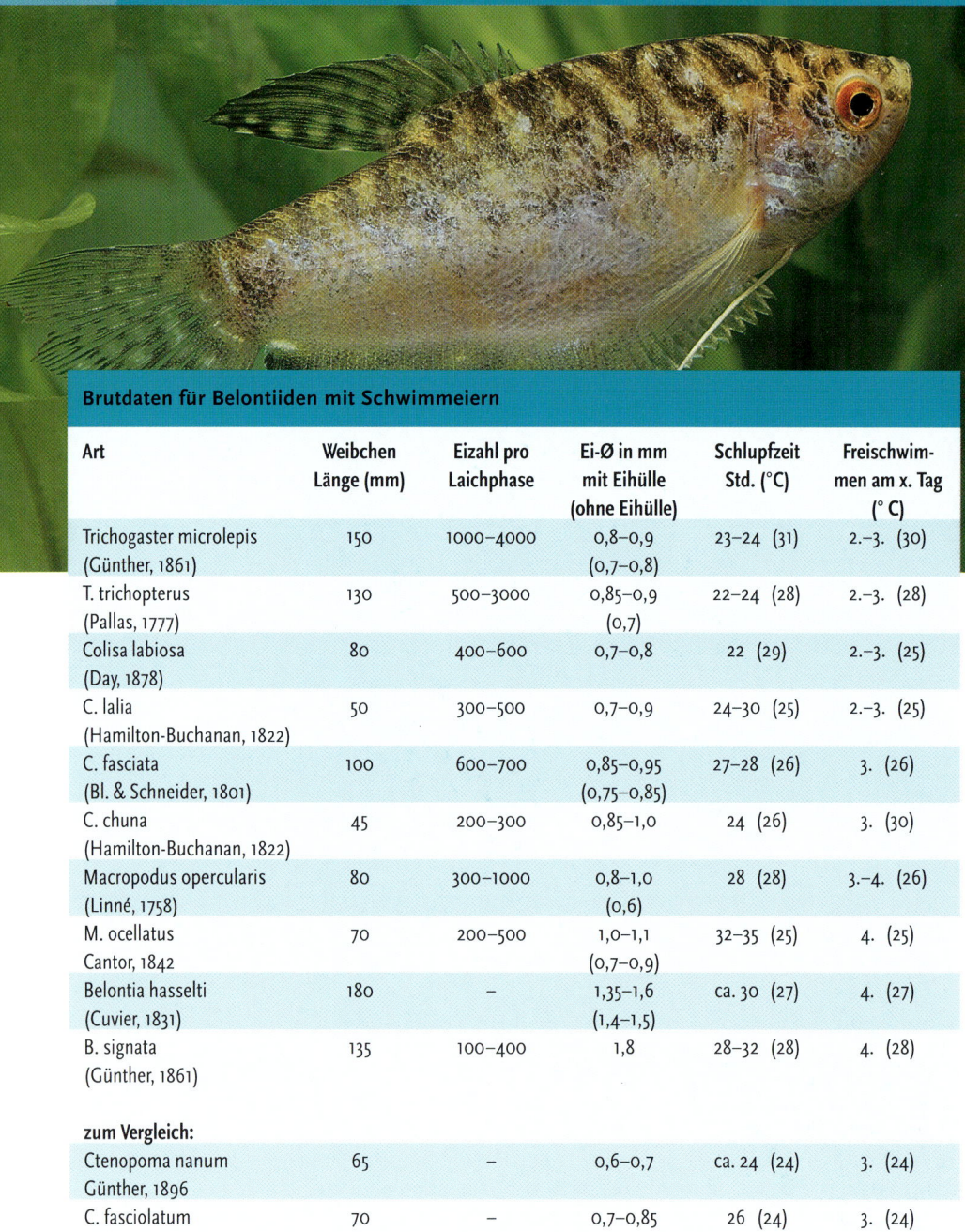

Brutdaten für Belontiiden mit Schwimmeiern

Art	Weibchen Länge (mm)	Eizahl pro Laichphase	Ei-Ø in mm mit Eihülle (ohne Eihülle)	Schlupfzeit Std. (°C)	Freischwimmen am x. Tag (° C)
Trichogaster microlepis (Günther, 1861)	150	1000–4000	0,8–0,9 (0,7–0,8)	23–24 (31)	2.–3. (30)
T. trichopterus (Pallas, 1777)	130	500–3000	0,85–0,9 (0,7)	22–24 (28)	2.–3. (28)
Colisa labiosa (Day, 1878)	80	400–600	0,7–0,8	22 (29)	2.–3. (25)
C. lalia (Hamilton-Buchanan, 1822)	50	300–500	0,7–0,9	24–30 (25)	2.–3. (25)
C. fasciata (Bl. & Schneider, 1801)	100	600–700	0,85–0,95 (0,75–0,85)	27–28 (26)	3. (26)
C. chuna (Hamilton-Buchanan, 1822)	45	200–300	0,85–1,0	24 (26)	3. (30)
Macropodus opercularis (Linné, 1758)	80	300–1000	0,8–1,0 (0,6)	28 (28)	3.–4. (26)
M. ocellatus Cantor, 1842	70	200–500	1,0–1,1 (0,7–0,9)	32–35 (25)	4. (25)
Belontia hasselti (Cuvier, 1831)	180	–	1,35–1,6 (1,4–1,5)	ca. 30 (27)	4. (27)
B. signata (Günther, 1861)	135	100–400	1,8	28–32 (28)	4. (28)
zum Vergleich:					
Ctenopoma nanum Günther, 1896	65	–	0,6–0,7	ca. 24 (24)	3. (24)
C. fasciolatum (Boulenger, 1899)	70	–	0,7–0,85 (0,5–0,7)	26 (24)	3. (24)

Brutdaten für Belontiiden mit Sinkeiern

Art	Weibchen Länge (mm)	Eizahl pro Laichphase	Ei-Ø in mm mit Eihülle (ohne Eihülle)	Schlupfzeit Std. (°C)	Freischwimmen am x. Tag (° C)
Pseudosphromenus dayi (Köhler, 1908)	65	300–450	0,8–1,0	30 (28)	3. (26)
P. cupanus (Cuvier & Valenciennes, 1831)	70	300–420	1,0–1,2	35 (25)	3. (25)
Trichopsis pumila (Arnold, 1936)	45	100–300	0,8–1,0	42–46 (27)	5. (26)
Trichopsis vittata (Cuvier & Val., 1831)	65	150–400	1,1 (0,8–0,85)	54 (26)	4. (26)
Malpulutta kretseri Deraniyagala, 1937	45	50–150	1,1–1,3	45 (26)	6. (26)
Parosphromenus nagyi Schaller, 1985	30	40–90	1,2–1,4 (0,9–1,1)	60 (24)	6. (25)
P. deissneri Bleeker, 1859	36	60–120	1,5–1,8 (1,1–1,3)	70 (28)	8. (25)
P. filamentosus Vierke, 1981	30	40–130	1,2	48 (25)	6. (26)
P. harveyi Brown, 1987	30	40–80	1,4–1,5 (0,9–1,0)	– (25)	6.–8. (25)
Betta splendens Regan, 1910	50	200–400	1,0–1,3 (0,8–1,0)	32–35 (29)	4. (27)
B. imbellis Ladiges, 1975	40	130–160	1,0–1,3 (0,9)	34 (26)	4. (27)
B. smaragdina (Ladiges, 1972)	60	200–300	1,1–1,3	35–38 (27)	4. (27)
B. bellica Sauvage, 1884	90	200–300	1,25–1,4 (1,0–1,2)	32 (28)	4.–5. (28)
B. tussyae Schaller, 1985	45	40–60	1,2–1,4 (1,0–1,2)	45 (25)	5. (25)
B. persephone Schaller, 1986	40	ca. 40	1,1–1,2 (0,8–0,9)	48 (25)	5. (25)
B. unimaculata (Popta, 1906)	100	30–100	–	–	9.–10. (25)
B. picta (Cuvier & Valenciennes, 1846)	45	20–60	1,5	–	9.–12. (26)
B. climacura Vierke, 1988	90	ca. 200	1,6–1,7	–	–
B. pugnax (Cantor, 1850)	95	30–100	1,8–2,0 (1,5–1,8)	–	12.–15. (25)
B. taeniata Regan, 1910	65	ca. 50	–	–	16.–17. (25)

IMPRESSUM

Bildnachweis

Beck (S. 69, 72, 73, 82, 83o, 111), Bork (S. 6, 16, 21, 25, 39r, 47l, 50r, 51 beide, 56l, 59, 66, 67, 76, 77, 104, 116), Hecker (S. 30, 31, 42r, 62, 70, 96), Kahl (S. 4, 12, 20, 26, 28, 38l, 40r, 43r, 44r, 45r, 52l, 53 beide, 55l, 61l, 68, 75, 80, 86, 90, 102, 106, 108), Mayland (S. 58), Prasuhn (S. 64), Reinhard (S. 9, 10, 34 beide, 35 beide, 36 beide, 37r, 38r, 44l, 45l, 52r, 54 beide, 55r, 60, 61r, 91, 92, 94, 97, 98, 114), Salata/Kosmos (S. 64u, 81, 83u, 89), Vierke (S. 8, 11, 14, 19, 22, 23, 24, 32, 33, 37l, 39l, 40l, 41 beide, 42l, 43l, 46 beide, 47r, 48 beide, 49 beide, 50l, 56r, 57 beide, 105, 109)

s/w-Illustrationen: S. 7 von J. Vierke, S. 71 von B. Kahl, S. 88, 89 von M. Golte-Bechtle.

Alle Angaben in diesem Buch erfolgen nach bestem Wissen und Gewissen. Sorgfalt bei der Umsetzung ist indes dennoch geboten. Der Verlag und der Autor übernehmen keinerlei Haftung für Personen-, Sach- oder Vermögensschäden, die aus der Anwendung der vorgestellten Materialien und Methoden entstehen könnten.

Impressum

Umschlaggestaltung eStudio Calamar, Friedhelm Steinen-Broo, unter Verwendung von 4 Farbaufnahmen von Burkhard Kahl.

Mit 130 Farbfotos und 10 s/w-Illustrationen

Die Deutsche Bibliothek – CIP-Einheitsaufnahme

Ein Titelsatz für diese Publikation ist bei der Deutschen Bibliothek erhältlich.

ISBN 3-440-08248-2
Redaktion: Ute-Kristin Schmalfuß
Gestaltungskonzept: eStudio Calamar, Friedhelm Steinen-Broo
Gestaltung und Satz: Guido Schlaich
Produktion: Kirsten Raue, Markus Schärtlein
Printed in Czech Republic / Imprimé en République tchèque
Druck und Binden: Tesinska Tiskarna, a. s., Cesky Tesin

ZUM WEITERLESEN

BÜCHER

Beck, P.: Aquarienpflanzen Grundkurs. Stuttgart, 2000.

Kokoscha, M.: Labyrinthfische. Stuttgart, 1998.

Kölle, Dr. P.: Fischkrankheiten. Stuttgart, 2001.

Linke, H.: Labyrinthfische. Münster, 1998.

Paepke, H.: Die Paradiesfische. Magdeburg, 1994.

Schäfer, F.: All Labyrinths. Mörfelden, 1997.

Schmidt, J.: Guramis und Fadenfische. Ruhmannsfelden, 1997.

Vierke, J.: Brutpflegestrategien bei Belontiiden. Bonn Zool. Beitr. 42, 299–324, Bonn, 1991.

ZEITSCHRIFTEN

Aquaristik akutell
Dähne, Ettlingen.

Aquarium heute
Aquadocumenta Verlag, Bielefeld.

Das Aquarium, Verlag Birgit Schmettkamp, Bornheim.

DATZ
Verlag Eugen Ulmer, Stuttgart.

ADRESSEN

VDA-Geschäftsstelle
Hans Stiller
Luxemburger Str. 16
44789 Bochum
Info@vda-online.de

VDA-Beratungsstelle
für Aquariengestaltung
Jürgen Grobe
Postfach 1944
30954 Hemmingen

VDA Fischkrankheiten
Dieter Untergasser
Schloss-Str. 34
64720 Michelstadt

Gesellschaft für
Aquarienkunde e.V.
Freizeithaus Waldhof
Revierpark Vonderort
Bottroper Str. 322
46117 Oberhausen

Kontaktadressen EATA
(European Aquarsitic and Terrarstic Association)

Deutschland – VDA
Horst Linke
Grubenberg 7
95131 Schwarzenbach am Wald

Joachim D. Matthies
Colonaden 70
20354 Hamburg

Elisabeth Müller
Fridtjof-Nansen-Str. 46
50226 Frechen

Frankreich – FFAAT
Dominique Gillet &
Jacques Montereaua
8, Impasse Marette du Guillerval
89000 Evry

Frankreich – FAF
Claude Vast
1, rue Foucaud
87000 Limoges

J.J. Lorrin
136 A, Boulevard de Dijon
10800 St. Julien Les Villas

Österreich - ÖVVÖ
Karl Kolar
Herrenberggasse 6
A-3434 Tulbing

Richard Pfister
Langenlebarner Str. 50
A-3430 Tulln

Franz Scherleitner
Raiffeisengasse 19
A-7201 Neudörfl

Belgien – BBAT
Fons Ooms
Beningstraat 10
2230 Herselt

Ludo Segal
Basselierstraat 30
2100 Deurne

Luxemburg – FELAT
Theo Hermann
3, Chemin du Kohn
9191 Welscheid

Niederlande
Roel Feenstra
Spoorsingel 104
1946 AG Beverswijk

Fischgesundheitsdienste (FGD)
Fischcare
Dr. Sandra Lechleiter
Forststr. 180
D-70193 Stuttgart

Staatl. Veterinär- und
Lebensmitteluntersuchungsamt
Ringstr. 1030
D-15239 Frankfurt/Oder

Staatl. Fischseuchenbekämpfungsdienst und FGD
Eintrachtweg 17
D-30173 Hannover

FGD im Staatl. Untersuchungsamt
Marburger Str. 54
D-35396 Gießen

Landesveterinär- und Lebensmitteluntersuchungsamt, FGD
Haferbreiter Weg 132–135
D-39576 Stendal

FGD
Heinsbergerstr. 53
D-57399 Kirchhunden-Albaum

FGD am Landesveterinäruntersuchungsamt
Blächerstr. 34
D-56073 Koblenz

FGD am Staatl. Tierärztl. Untersuchungsamt
Azenbergstr. 16
D-70174 Stuttgart

Institut für Zoologie, Fischereibiologie und Fischkrankheiten
LMU München
Kaulbachstr. 37
D-80539 München

FGD am Medizinal-, Lebensmittel- u. Veterinäruntersuchungsamt
Tennstedter Straße
D-99947 Bad Langensalza

INTERNET

www.aquanet.de
www.aqualink.de
www.igl-home.de
www.vda-online.de

Praxiswissen Aquaristik

Der Ratgeber der neuen Generation

- **Porträts** die beliebtesten Arten kennen lernen
- **Schritt für Schritt** vom leeren Becken zur Wasserwelt hinter Glas
- **Exklusiv** der Kosmos-Solution Finder: Lösungen auf einen Blick

Hans J. Mayland
Diskus
ISBN 3-440-08217-2

Mayland/Bork
Salmler
ISBN 3-440-08216-4

Aufschlagen und Eintauchen

Jeder Band mit

124 Seiten
ca. 150 Farbfotos
Illustrationen
Checklisten
Tabellen
gebunden

Die Reihe wird fortgesetzt

Martin Ullrich
Buntbarsche
ISBN 3-440-08218-0

Lutz Gohr
Meerwasseraquaristik
ISBN 3-440-08250-4

www.kosmos.de